RECLAMS WEIHNACHTS BUCH

Gedichte, Geschichten
und Lieder

Herausgegeben von
Stephan Koranyi

AF867287

RECLAM

MIX
Papier aus verantwortungsvollen Quellen
FSC® C014496

RECLAM TASCHENBUCH Nr. 20736
2023 Philipp Reclam jun. Verlag GmbH,
Siemensstraße 32, 71254 Ditzingen
Umschlaggestaltung: das verlagsatelier ROMY POHL
Umschlagabbildung: © Nimaxs / Shutterstock.com /
© arxichtu4ki / Shutterstock.com
Umschlagmaterial: PEYVIDA puro 270 g/m², peyer graphic gmbh
Druck und Bindung: GGP Media GmbH,
Karl-Marx-Straße 24, 07381 Pößneck
Printed in Germany 2023
RECLAM ist eine eingetragene Marke
der Philipp Reclam jun. GmbH & Co. KG, Stuttgart
ISBN 978-3-15-020736-9
www.reclam.de

Reclams Weihnachtsbuch

INHALT

Im Anfang war das Wort, und das Wort war bei Gott, und Gott war das Wort. Dasselbe war im Anfang bei Gott. Alle Dinge sind durch dasselbe gemacht, und ohne dasselbe ist nichts gemacht, was gemacht ist. In ihm war das Leben, und das Leben war das Licht der Menschen. Und das Licht scheint in der Finsternis, und die Finsternis hat's nicht ergriffen.

Es war ein Mensch, von Gott gesandt, der hieß Johannes. Der kam zum Zeugnis, um von dem Licht zu zeugen, damit sie alle durch ihn glaubten. Er war nicht das Licht, sondern er sollte zeugen von dem Licht.

Das war das wahre Licht, das alle Menschen erleuchtet, die in diese Welt kommen. Er war in der Welt, und die Welt ist durch ihn gemacht; aber die Welt erkannte ihn nicht. Er kam in sein Eigentum; und die Seinen nahmen ihn nicht auf. Wie viele ihn aber aufnahmen, denen gab er Macht, Gottes Kinder zu werden, denen, die an seinen Namen glauben, die nicht aus dem Blut noch aus dem Willen des Fleisches noch aus dem Willen eines Mannes, sondern von Gott geboren sind.

Und das Wort ward Fleisch und wohnte unter uns, und wir sahen seine Herrlichkeit, eine Herrlichkeit als des eingeborenen Sohnes vom Vater, voller Gnade und Wahrheit.

Johannes 1,1–14

Als aber die Zeit erfüllt war, sandte Gott seinen Sohn, geboren von einer Frau und unter das Gesetz getan, damit er die, die unter dem Gesetz waren, erlöste, damit wir die Kindschaft empfingen. Weil ihr nun Kinder seid, hat Gott den Geist seines Sohnes gesandt in unsre Herzen, der da ruft: Abba, lieber Vater! So bist du nun nicht mehr Knecht, sondern Kind; wenn aber Kind, dann auch Erbe durch Gott.

Galater 4,4–7

Es begab sich aber zu der Zeit, dass ein Gebot von dem Kaiser Augustus ausging, dass alle Welt geschätzt würde. Und diese Schätzung war die allererste und geschah zur Zeit, da Quirinius Statthalter in Syrien war. Und jedermann ging, dass er sich schätzen ließe, ein jeder in seine Stadt.

Da machte sich auf auch Josef aus Galiläa, aus der Stadt Nazareth, in das jüdische Land zur Stadt Davids, die da heißt Bethlehem, weil er aus dem Hause und Geschlechte Davids war, damit er sich schätzen ließe mit Maria, seinem vertrauten Weibe; die war schwanger. Und als sie dort waren, kam die Zeit, dass sie gebären sollte. Und sie gebar ihren ersten Sohn und wickelte ihn in Windeln und legte ihn in eine Krippe; denn sie hatten sonst keinen Raum in der Herberge.

Und es waren Hirten in derselben Gegend auf dem Felde bei den Hürden, die hüteten des Nachts ihre Herde. Und der Engel des Herrn trat zu ihnen, und die Klarheit des Herrn leuchtete um sie; und sie fürchteten sich sehr. Und der Engel sprach zu ihnen: Fürchtet euch nicht! Siehe, ich verkündige euch große Freude, die allem Volk widerfahren wird; denn euch ist heute der Heiland geboren, welcher ist Christus, der Herr, in der Stadt Davids. Und das habt zum Zeichen: Ihr werdet finden das Kind in Windeln gewickelt und in einer Krippe liegen. Und alsbald war da bei dem Engel die Menge der himmlischen Heerscharen, die lobten Gott und sprachen: Ehre sei Gott in der Höhe und Friede auf Erden bei den Menschen seines Wohlgefallens.

Und als die Engel von ihnen gen Himmel fuhren, sprachen die Hirten untereinander: Lasst uns nun gehen nach Bethlehem und die Geschichte sehen, die da geschehen ist, die uns der Herr kundgetan hat. Und sie kamen eilend und fanden beide, Maria und Josef, dazu das Kind in der Krippe liegen. Als sie es aber gesehen hatten, breiteten sie das Wort aus, das zu ihnen von diesem Kinde gesagt war. Und alle, vor die es kam, wunderten sich über das, was ihnen die Hirten gesagt hatten. Maria aber behielt alle diese Worte und bewegte sie in ihrem Herzen. Und die Hirten kehrten wieder um, priesen und lobten Gott für alles, was sie gehört und gesehen hatten, wie denn zu ihnen gesagt war.

Und als acht Tage um waren und man das Kind beschneiden musste, gab man ihm den Namen Jesus, wie er genannt war von dem Engel, ehe er im Mutterleib empfangen war.

Lukas 2,1–21

Die Geburt Jesu Christi geschah aber so: Als Maria, seine Mutter, dem Josef vertraut war, fand es sich, ehe er sie heimholte, dass sie schwanger war von dem Heiligen Geist. Josef aber, ihr Mann, war fromm und wollte sie nicht in Schande bringen, gedachte aber, sie heimlich zu verlassen.

Als er das noch bedachte, siehe, da erschien ihm der Engel des Herrn im Traum und sprach: Josef, du Sohn Davids, fürchte dich nicht, Maria, deine Frau, zu dir zu nehmen; denn was sie empfangen hat, das ist von dem Heiligen Geist. Und sie wird einen Sohn gebären, dem sollst du den Namen Jesus geben, denn er wird sein Volk retten von ihren Sünden. Das ist aber alles geschehen, damit erfüllt würde, was der Herr durch den Propheten gesagt hat, der da spricht (Jesaja 7,14): »Siehe, eine Jungfrau wird schwanger sein und einen Sohn gebären, und sie werden ihm den Namen Immanuel geben«, das heißt übersetzt: Gott mit uns.

Als nun Josef vom Schlaf erwachte, tat er, wie ihm der Engel des Herrn befohlen hatte, und nahm seine Frau zu sich. Und er berührte sie nicht, bis sie einen Sohn gebar; und er gab ihm den Namen Jesus.

Als Jesus geboren war in Bethlehem in Judäa zur Zeit des Königs Herodes, siehe, da kamen Weise aus dem Morgenland nach Jerusalem und sprachen: Wo ist der neugeborene König der Juden? Wir haben seinen Stern gesehen im Morgenland und sind gekommen, ihn anzubeten.

Als das der König Herodes hörte, erschrak er und mit ihm ganz Jerusalem, und er ließ zusammenkommen alle Hohenpriester und Schriftgelehrten des Volkes und erforschte von ihnen, wo der Christus geboren werden sollte. Und sie sagten ihm: In Bethlehem in Judäa; denn so steht geschrieben durch den Propheten (Micha 5,1): »Und du, Bethlehem im jüdischen Lande, bist keineswegs die kleinste unter den Städten in Juda; denn aus dir wird kommen der Fürst, der mein Volk Israel weiden soll.«

Da rief Herodes die Weisen heimlich zu sich und erkundete genau von ihnen, wann der Stern erschienen wäre, und schickte sie nach Bethlehem und sprach: Zieht hin und forscht fleißig nach dem Kindlein; und wenn ihr's findet, so sagt mir's wieder, dass auch ich komme und es anbete. Als sie nun den König gehört hatten, zogen sie hin. Und siehe, der Stern, den sie im Morgenland gesehen hatten, ging vor ihnen her, bis er über dem Ort stand, wo das

Kindlein war. Als sie den Stern sahen, wurden sie hocherfreut und gingen in das Haus und fanden das Kindlein mit Maria, seiner Mutter, und fielen nieder und beteten es an und taten ihre Schätze auf und schenkten ihm Gold, Weihrauch und Myrrhe.

Und Gott befahl ihnen im Traum, nicht wieder zu Herodes zurückzukehren; und sie zogen auf einem andern Weg wieder in ihr Land.

Matthäus 1,18–2,12

Das Volk, das im Finstern wandelt, sieht ein großes Licht, und über denen, die da wohnen im finstern Lande, scheint es hell. Du weckst lauten Jubel, du machst groß die Freude. Vor dir wird man sich freuen, wie man sich freut in der Ernte, wie man fröhlich ist, wenn man Beute austeilt. Denn du hast ihr drückendes Joch, die Jochstange auf ihrer Schulter und den Stecken ihres Treibers zerbrochen wie am Tage Midians. Denn jeder Stiefel, der mit Gedröhn dahergeht, und jeder Mantel, durch Blut geschleift, wird verbrannt und vom Feuer verzehrt.

Denn uns ist ein Kind geboren, ein Sohn ist uns gegeben, und die Herrschaft ruht auf seiner Schulter; und er heißt Wunder-Rat, Gott-Held, Ewig-Vater, Friede-Fürst; auf dass seine Herrschaft groß werde und des Friedens kein Ende auf dem Thron Davids und in seinem Königreich, dass er's stärke und stütze durch Recht und Gerechtigkeit von nun an bis in Ewigkeit. Solches wird tun der Eifer des Herrn Zebaoth.

Jesaja 9,1–6

CHRISTIAN MORGENSTERN

Winternacht

Es war einmal eine Glocke,
die machte baum, baum . .
Und es war einmal eine Flocke,
die fiel dazu wie im Traum . .

Die fiel dazu wie im Traum . .
Die sank so leis hernieder,
wie ein Stück Engleingefieder
aus dem silbernen Sternenraum.

Es war einmal eine Glocke,
die machte baum, baum . .
Und dazu fiel eine Flocke,
so leis als wie ein Traum . .

So leis als wie ein Traum . .
Und als vieltausend gefallen leis,
da war die ganze Erde weiß,
als wie von Engleinflaum.

Da war die ganze Erde weiß,
als wie von Engleinflaum.

JOACHIM RINGELNATZ

Vorfreude auf Weihnachten

Ein Kind – von einem Schiefertafel-Schwämmchen
Umhüpft – rennt froh durch mein Gemüt.

Bald ist es Weihnacht! – Wenn der Christbaum blüht,
Dann blüht er Flämmchen.
Und Flämmchen heizen. Und die Wärme stimmt
Uns mild. – Es werden Lieder, Düfte fächeln. –
Wer nicht mehr Flämmchen hat, wem nur noch
Fünkchen glimmt,
Wird dann doch gütig lächeln.

Wenn wir im Traume eines ewigen Traumes
Alle unfeindlich sind – einmal im Jahr! –
Uns alle Kinder fühlen eines Baumes.

Wie es sein soll, wie's allen einmal war.

THEODOR FONTANE

Noch ist Herbst nicht ganz entflohn

Noch ist Herbst nicht ganz entflohn,
Aber als Knecht Ruprecht schon
Kommt der Winter hergeschritten,
Und alsbald aus Schnee'es Mitten
Klingt des Schlittenglöckleins Ton.
Und was jüngst noch, fern und nah,
Bunt auf uns herniedersah,
Weiß sind Türme, Dächer, Zweige,
Und das Jahr geht auf die Neige,
Und das schönste Fest ist da.

Tag du der Geburt des Herrn,
Heute bist du uns noch fern,
Aber Tannen, Engel, Fahnen
Lassen uns den Tag schon ahnen,
Und wir sehen schon den Stern.

JOCHEN ARLT

Einkaufn gehn in Münstereifl

Gebn Se mir bitte
N Viertlpfund Winter
Aber nich zu feucht

Mit etwas Morgnfrost
Vielleicht und
Viel sonnign Tagn

Für mich und für die Kinder
Etwas Schnee
Daß wir Schlittnfahrn könn
Mit wenig Matsch
Und gefrorn'n Pfützn
Mit Knecht Ruprecht
Und Zimtstern'n
Mit vier schlesischn Weißwürstn
Zwo Kelchn Schampanjr
Und zwei Gläsern Sprite
Am Heiligabnd

Und bevor ichs vergess
Mit etwas Ergriffnheit

CHARLOTTE LINK

Wirklich clever, dieser Weihnachtsmann

Ich wußte natürlich von Anfang an, daß das ganze Haus über mich herziehen würde, wenn Susanne auf meine Anordnung hin den Hund fortschaffen müßte. »Das nette junge Mädchen«, würde es heißen, und »der süße, arme Hund!« Und außerdem war Adventszeit, da sind die Leute im Vergleich zum übrigen Jahr dreimal so sentimental. Dabei hätten sie sich mit ein bißchen kühlem Verstand sagen müssen, daß ich recht hatte: Machen denn Hunde noch etwas anderes als Lärm? Und Schmutz? Und das ist in den Wochen vor Weihnachten weiß Gott nicht anders als sonst. Im Gegenteil, ich sah sie schon, die Schneespuren im Treppenhaus. In *meinem* Treppenhaus! Denn ich bin der Besitzer – und damit verantwortlich dafür, daß hier alles seinen geordneten Gang geht.

Susanne, das Mädchen aus dem dritten Stock, hatte die kleine braune Hündin aus Spanien mitgebracht. Maroussia hatte am Rand einer staubigen Landstraße gelegen, mit zwei gebrochenen Beinen und zum Skelett abgemagert. Natürlich, so eine Geschichte geht einem schon nahe, und ich finde es ja auch in Ordnung, daß Susanne dieses arme Bündel Haut und Knochen aufgesammelt und mitgebracht hat. Aber warum soll es jetzt in meinem Haus leben? Wozu gibt es Tierheime?

»Heute ist der dritte Advent«, sagte ich zu Susanne, »bis zum vierten haben Sie Zeit, diesem Hund ein neues Zuhause zu suchen. Es tut mir leid, aber hier ist Tierhaltung nun einmal verboten. Ich kann da keine Ausnahme machen.«

Susanne erwiderte nichts, aber sie sah mich lange und eindringlich an. Es war wie verhext; sie und der spanische Hund hatten dieselben tiefdunklen, maurischen Augen.

»Also«, murmelte ich, »eine Woche. Das müßte reichen.«

Sämtliche Familien im Haus nahmen lebhaften Anteil an Susannes Versuchen, für Maroussia einen neuen Platz zu finden. Und ich selbst mußte mir immer wieder die neuesten Geschichten anhören; meine Kinder erzählten sie mir, und jeder Mieter, den ich im Aufzug oder im Gang traf, berichtete mir sofort aufgeregt von Susannes und Maroussias Abenteuern.

Also – das mit dem Tierheim war schief gegangen. Susanne hatte den Hund abgeliefert, war auch noch irgendwie zu ihrem Auto zurückgelangt, hatte es aber dort – offenbar inzwischen blind vor Tränen – nicht mehr über sich gebracht, alleine nach Hause zu fahren. Und so kehrte sie schnurstracks um, holte Maroussia aus dem Käfig und kreuzte hier wieder mit ihr auf. Da die Frist noch nicht abgelaufen war, sagte ich nichts. Fairneß muß sein.

Der nächste Anlauf war eine Annonce in der Zeitung. »Kleine braune Hündin sucht neues Zuhause …« Meine jüngste Tochter, die gerade erst Lesen gelernt hatte, las mir den Text beim Frühstück stockend und fehlerhaft, aber erbarmungslos von Anfang bis Ende vor. Alle drei Kinder sahen mich an, als hätten sie einen Schwerkriminellen vor sich.

»Jetzt werden sich bald liebe, nette Menschen für die liebe, nette Maroussia finden«, sagte ich munter. Keines der Kinder antwortete. Meine Tochter stand auf und verließ schweigend das Zimmer. Im Radio spielten sie »Oh, du fröhliche …«

Wie man sich so im Haus erzählte, hatte die Annonce eine durchschlagende Wirkung, allerdings nur insofern, als

Abend für Abend wildfremde Menschen zu Susanne in die Wohnung stolperten, einen kurzen Blick auf den Hund warfen und im übrigen dies alles als eine Art Einladung ansahen, den Abend in angeregter Unterhaltung mit einer hübschen jungen Frau zu verbringen. Ganze Familien erschienen, Ehepaare, einsame Männer – aber keiner, soweit ich das durch meinen Türspion erkennen konnte, verließ das Haus mit einem Hund an der Leine.

»Es wird einfach keiner gut genug sein«, meinte ich zu meiner Frau, »wahrscheinlich sucht sie ein Fürstenschloß für diese Maroussia.«

»Ach was, es ist so, daß niemand diesen armen spanischen Hund will«, entgegnete meine Frau und warf mir einen anklagenden Blick zu. Ich fühlte mich langsam verfolgt. Gab es denn niemanden, der Verständnis für *meine* Gründe hatte?

In unserem Haus lebte ein alter Mann, und der nahm besonderen Anteil am Schicksal von Susanne und Maroussia. Jeden Tag kaufte er eine Dose Hundefutter, die er vor Susannes Wohnungstür stellte. Alle im Haus liebten diesen alten Mann, besonders die Kinder, denn einmal im Jahr, am vierten Advent, verkleidete er sich als Weihnachtsmann und zog in einem roten Mantel und mit einer roten Mütze auf dem Kopf von Wohnung zu Wohnung und verteilte kleine Geschenke an die Kinder. Eine nette Idee, das mußte ich ja zugeben, aber ich glaube, ich war immer ein bißchen eifersüchtig, wenn meine Kinder voller Begeisterung von ihm sprachen. Oder mit Problemen zu ihm statt zu mir gingen.

So wie mit der Katze.

Die Katze tauchte zwei Tage vor dem vierten Advent in unserem Vorgarten auf, genauer gesagt, direkt unter unserem Wohnzimmerfenster. Ein mageres Tier mit struppigem Fell und entzündeten Augen. Offenbar hatte sie keinen Besitzer, aber warum, um alles in der Welt, mußte sie gerade zu uns kommen? Sie saß den ganzen Tag auf dem Fensterbrett, eng an die Glasscheibe gepreßt, und maunzte. Maunzte zum Gotterbarmen. Ihr spitzes Gesicht hob sich als helles Dreieck von der frühen winterlichen Dämmerung ab. Überflüssig zu sagen, daß meine Kinder auf der anderen Seite des Fensters klebten und fast genauso anhaltend und herzzerreißend jammerten wie die Katze.

»Kommt, wir zünden die Kerzen am Adventskranz an«, versuchte ich sie abzulenken. Das war für gewöhnlich *die* Sensation. Nicht so heute.

»Wir haben schon den Weihnachtsmann um Hilfe gefragt«, sagte meine Tochter. Ich seufzte. »Das ist kein Weihnachtsmann. Das ist ein ganz normaler Mann! Nur weil er einmal im Jahr …«

»Er sagt, er kann die Katze nicht zu sich nehmen«, fuhr meine Tochter ungerührt fort, »weil du das hier im Haus verboten hast. Warum hast du es verboten?«

Ich fragte mich, womit ich es verdient hatte, in so unangenehme Grundsatzdiskussionen verwickelt zu werden. Statt einer Antwort zog ich rasch die Vorhänge zu, um das Katzengesicht draußen nicht mehr sehen zu müssen.

»Wir singen jetzt Weihnachtslieder!« bestimmte ich. Der Gesang fiel mager aus. Immer wieder brach eines der Kinder ab, lauschte nach draußen und fragte die anderen: »Schreit sie noch?« Und dann lauschten sie alle, und tatsächlich, zart wie das Läuten einer kleinen silbernen Glocke klang die Stimme der Katze von draußen herein.

In der Nacht hatte es geschneit. Im Laufe des Tages wurde es immer kälter, als leuchtendroter Ball hing die Sonne am fahlen Winterhimmel.

Ich traf Susanne und Maroussia an der Haustür. Der Hund wedelte vergnügt mit dem Schwanz, Susanne aber sah blaß und übernächtigt aus. Sie grüßte mich mit leiser Stimme.

»Na, jetzt sagen Sie nur, es hat sich immer noch niemand für diesen hübschen Hund gefunden?«

»Niemand«, entgegnete Susanne. Ich schüttelte den Kopf. »Aber es kommen doch ständig Interessenten?«

»Ja, aber die meisten suchen einen reinrassigen Hund. Oder sie suchen gar keinen, sondern wollen nur einmal in eine andere Wohnung hineinschauen, jemanden kennenlernen. Einer wollte sich sogar Geld pumpen. Ja, und …«, sie schaute mich nicht an, sondern blickte an mir vorbei zum Horizont, wo die Sonne hinter den Bäumen unterging, »morgen ist der vierte Advent …«

Die Katze miaute den ganzen Abend vor unserem Fenster. Allmählich gewann ich den Eindruck, daß sich sämtliche leidenden Kreaturen dieser Erde ausgerechnet in meinem Haus versammelten. »Warum geht sie nicht woandershin?« fragte ich gereizt. Wir saßen alle vor dem Kamin, blickten in die Flammen und lauschten auf das Knistern der brennenden Holzscheite. Das heißt, wir hätten gern gelauscht. Meist aber war die Stimme der Katze lauter.

Niemand antwortete auf meine Frage.

»Morgen kommt der Weihnachtsmann«, wechselte ich das Thema.

Es antwortete immer noch niemand. Aha, jetzt wurde ich

also geschnitten. Noch ein paar Tage, und meine Widerstände würden erlahmen. Ich beschloß, früh schlafen zu gehen. Eine tolle Adventszeit dieses Jahr, wirklich!

Der Weihnachtsmann kam tatsächlich am nächsten Tag. Er hatte sich einen langen weißen Bart angeklebt, und seine himmelblauen Augen blitzten. Für die Kinder kramte er Schokoladennikoläuse hervor, Strohsterne und Glaskugeln, in denen es schneite, wenn man sie schüttelte. Dann sah er sie alle der Reihe nach an.

»Was wünscht ihr euch denn vom Christkind?« fragte er.

Die Antwort kam wie aus der Pistole geschossen, und noch dazu im Chor: »Wir wollen, daß unser Vater die Katze hereinläßt!«

Der alte Mann schaute mich an. »Es ist bald Weihnachten«, sagte er leise.

Das war der Moment, da ich kapitulierte. Sentimentaler Narr, der ich bin, aber irgendwie ging es mir ans Herz – die bettelnden Augen der Kinder, der alte Mann in seinem roten Mantel, aber vor allem die Stimme, mit der er sagte: »Es ist bald Weihnachten.«

»In Gottes Namen, holt die Katze herein«, sagte ich erschöpft. Der alte Mann lächelte mir zu und wandte sich zum Gehen, ich kämpfte mit mir, aber dann hielt ich ihn zurück.

»Was Recht ist«, knurrte ich, »muß Recht bleiben. Wenn ich hier eine Katze habe, kann ich Susanne nicht gut ihren Hund verbieten, nicht wahr? Sagen Sie ihr – mein Adventsgeschenk –, sie kann den Hund behalten. Wenn's sein muß!«

Es tat gut, wirklich, ich muß zugeben, es tat gut, in die warmen, freundlichen Augen des Weihnachtsmannes zu blicken.

Natürlich bin ich kein Dummkopf. Ich weiß längst, was hier gelaufen ist. Ich habe das leere Baldrianfläschchen im Müll gefunden. Und ich habe Baldrian gerochen – auf meinem Fensterbrett. Wirklich clever, dieser Weihnachtsmann. Um Maroussia zu retten, setzte er mich mit einem anderen Tier unter Druck. Eine heimatlose Katze ist leicht aufzutreiben. Und ich fragte noch: »Wieso kommt sie immer wieder zu uns?« Jeder weiß, mit Baldrian kann man Katzen verrückt machen. Es zieht sie magisch an. Und bringt sie zum Schreien.

Ja, so war das. Aber komischerweise war ich gar nicht ärgerlich an diesem Abend. Alle vier Kerzen auf dem Adventskranz brannten. Wir sangen Weihnachtslieder, und auf dem Sofa lag die Katze und putzte ihr weißes struppiges Fell.

RAINER MARIA RILKE

Advent

Es treibt der Wind im Winterwalde
die Flockenherde wie ein Hirt,
und manche Tanne ahnt, wie balde
sie fromm und lichterheilig wird;
und lauscht hinaus. Den weißen Wegen
streckt sie die Zweige hin – bereit,
und wehrt dem Wind und wächst entgegen
der einen Nacht der Herrlichkeit.

Alle Jahre wieder

2. Kehrt mit seinem Segen
ein in jedes Haus,
geht auf allen Wegen
mit uns ein und aus.

3. Ist auch mir zur Seite,
still und unerkannt,
dass es treu mich leite
an der lieben Hand.

THEODOR STORM

Unter dem Tannenbaum

Der Weihnachtsabend begann zu dämmern. – Der Amtsrichter war mit seinem Sohne auf der Rückkehr von einem Spaziergange; Frau Ellen hatte sie auf ein Stündchen fortgeschickt. Vor ihnen im Grunde lag die kleine Stadt; sie sahen deutlich, wie aus allen Schornsteinen der Rauch emporstieg; denn dahinter am Horizont stand feuerfarben das Abendrot. – Sie sprachen von den Großeltern drüben in der alten Heimat; dann von den letzten Weihnachten, die sie dort erlebt hatten.

»Und am Vorabend«, sagte der Vater, »als Knecht Ruprecht zu uns kam mit dem großen Bart und dem Quersack und der Rute in der Hand!«

»Ich wusste wohl, dass es Onkel Johannes war«, erwiderte der Knabe, »der hatte immer so etwas vor!«

»Weißt du denn auch noch die Worte, die er sprach?«

Harro sah den Vater an und schüttelte den Kopf.

»Wart nur«, sagte der Amtsrichter, »die Verse liegen zu Haus in meinem Pult; vielleicht bekomm ich's noch beisammen!« Und nach einer Weile fuhr er fort: »Entsinne dich nur, wie erst die drei Rutenhiebe von draußen auf die Tür fielen und wie dann die raue borstige Gestalt mit der großen Hakennase in die Stube trat!« Dann hub er langsam und mit tiefer Stimme an:

»Von drauß' vom Walde komm ich her,
Ich muss euch sagen, es weihnachtet sehr!
Allüberall auf den Tannenspitzen
Sah ich goldene Lichtlein sitzen.

Und droben aus dem Himmelstor
Sah mit großen Augen das Christkind hervor.
Und wie ich so strolcht' durch den dichten Tann,
Da rief's mich mit heller Stimme an;
›Knecht Ruprecht‹, rief es, ›alter Gesell,
Hebe die Beine und spute dich schnell!
Die Kerzen fangen zu brennen an,
Das Himmelstor ist aufgetan,
Alt' und Junge sollen nun
Von der Jagd des Lebens einmal ruhn;
Und morgen flieg ich hinab zur Erden,
Denn es soll wieder Weihnachten werden!‹
Ich sprach: ›Oh, lieber Herre Christ,
Meine Reise fast zu Ende ist;
Ich soll nur noch in diese Stadt,
Wo's eitel brave Kinder hat.‹
›Hast denn das Säcklein auch bei dir?‹
Ich sprach: ›Das Säcklein, das ist hier;
Denn Apfel, Nuss und Mandelkern
Fressen fromme Kinder gern!‹
›Hast denn die Rute auch bei dir?‹
Ich sprach: ›Die Rute, die ist hier!
Doch für die Kinder nur, die schlechten,
Die trifft sie auf den Teil, den rechten!‹
Christkindlein sprach: ›So ist es recht,
So geh mit Gott mein treuer Knecht!‹
Von drauß' vom Walde komm ich her;
Ich muss euch sagen, es weihnachtet sehr!
Nun sprecht, wie ich's hierinnen find?
Sind's gute Kind, sind's böse Kind?

Aber«, fuhr der Amtsrichter mit veränderter Stimme fort, »ich sagte dem Knecht Ruprecht:

›Der Junge ist von Herzen gut,
Hat nur mitunter was trotzigen Mut!‹«

»Ich weiß, ich weiß!«, rief Harro triumphierend; und den Finger emporhebend, und mit listigem Ausdruck setzte er hinzu: »Dann kam so etwas!«

»Was dich in großes Geschrei brachte; denn Knecht Ruprecht schwang seine Rute und sprach:

›Heißt es bei euch denn nicht mitunter:
Nieder den Kopf und die Hosen herunter?‹«

»Oh«, sagte Harro, »ich fürchtete mich nicht; ich war nur zornig auf den Onkel!«

Über der Stadt, die sie jetzt fast erreicht hatten, stand nur noch ein fahler Schein am Himmel. Es dunkelte schon; aber es begann zu schneien; leise und emsig fielen die Flocken und der Weg schimmerte schon weiß zu ihren Füßen.

Vater und Sohn waren eine Weile schweigend nebeneinander hergegangen. – »Am Abend darauf«, hub der Amtsrichter wieder an, »brannte der letzte Weihnachtsbaum, den du gehabt hast. Es war damals eine bewegte Zeit; sogar das Zuckerwerk zwischen den Tannenzweigen war kriegerisch geworden: unsere ganze Armee, Soldaten zu Pferde und zu Fuß! – Von alledem ist nun nichts mehr übrig!«, setzte er leiser und wie mit sich selbst redend hinzu.

Der Knabe schien etwas darauf erwidern zu wollen, aber ein anderes hatte plötzlich seine Gedanken in Anspruch genommen. – Es war ein großer bärtiger Mann, der vor ihnen aus einem Seitenwege auf die Landstraße herauskam. Auf der Schulter balancierte er ein langes stangenartiges Gepäck, während er mit einem Tannenzweig, den er in der Hand hielt, bei jedem Schritt in die Luft peitschte. Wie er vorüberging, hatte Harro in der Dämmerung noch die große rote Hakennase erkannt, die unter der Pelzmütze hinausragte. Auch einen Quersack trug der Mann, der anscheinend mit allerhand eckigen Dingen angefüllt war. Er ging rasch vor ihnen auf.

»Knecht Ruprecht!«, flüsterte der Knabe, »hebe die Beine und spute dich schnell!«

Das Gewimmel der Schneeflocken wurde dichter, sie sahen ihn noch in die Stadt hinabgehen; dann entschwand er ihren Augen; denn ihre Wohnung lag eine Strecke weiter außerhalb des Tores.

»Freilich«, sagte der Amtsrichter, indem sie rüstig zuschritten, »der Alte kommt zu spät; dort unten in der Gasse leuchteten schon alle Fenster in den Schnee hinaus.«

Endlich war das Haus erreicht. Nachdem sie auf dem Flur die beschneiten Überkleider abgetan, traten sie in das Arbeitszimmer des Amtsrichters. Hier war heute der Tee serviert; die große Kugellampe brannte, alles war hell und aufgeräumt. Auf der saubern Damastserviette stand das feinlackierte Teebrett mit den Geburtstagstassen und dem rubinroten Zuckerglase; daneben auf dem Fußboden in dem Komfort von Mahagonistäbchen mit blankem Messingeinsatz kochte der Kessel, wie es sein muss, auf gehörig durchgeglühten Torfkohlen; wie daheim einst in der großen Stube des alten Familienhauses, so dufteten auch hier in dem kleinen Stübchen die braunen Weihnachtskuchen nach dem Rezept der Urgroßmutter. – Aber während die Mutter nebenan im Wohnzimmer noch das Fest bereitete, blieben Vater und Sohn allein; kein Onkel Erich kam, ihnen feiern zu helfen. Es war doch anders als daheim.

Ein paarmal hatte Harro mit bescheidenem Finger an die Tür gepocht, und ein leises »Geduld!« der Mutter war die Antwort gewesen. Endlich trat Frau Ellen selbst herein. Lächelnd – aber ein leiser Zug von Weh war doch dabei – streckte sie ihre Hände aus und zog ihren Mann und ihren Knaben, jeden bei einer Hand, in die helle Weihnachtsstube.

Es sah freundlich genug aus. Auf dem Tische in der Mitte, zwischen zwei Reihen brennender Wachskerzen, stand das kleine Kunstwerk, das Mutter und Sohn in den Tagen vorher sich selbst geschaffen hatten, ein Garten im Geschmack des vorigen Jahrhunderts mit glattgeschorenen Hecken und dunklen Lauben; alles von Moos und verschiedenem Wintergrün zierlich zusammengestellt. Auf dem Teiche von Spiegelglas schwammen zwei weiße Schwäne; daneben vor dem chinesischen Pavillon standen kleine Herren und Damen von Papiermaché in Puder und Kontuschen. – Zu beiden Seiten lagen die Geschenke für den Knaben; eine scharfe Lupe für die Käfersammlung, ein paar bunte Münchener Bilderbogen, die nicht fehlen durften, von Schwind und Otto Speckter; ein Buch in rotem Halbfranzband; dazwischen ein kleiner Globus in schwarzer Kapsel, augenscheinlich schon ein altes Stück. »Es war Onkel Erichs letzte Weihnachtsgabe an mich«, sagte der Amtsrichter, »nimm du es nun von mir! Es ist mir in diesen Tagen aufs Herz gefallen, dass ich ihm die Freude, die er mir als Kind gemacht, in späterer Zeit nicht einmal wieder gedankt –; nun haben sie mir den alten Herrn im letzten Herbst begraben!«

Frau Ellen legte den Arm um ihren Mann und führte ihn an den Spiegeltisch, auf dem heute die beiden silbernen Armleuchter brannten. Auch ihm hatte sie beschert; das Erste aber, wonach seine Hand langte, war ein kleines Lichtbild. Seine Augen ruhten lange darauf, während Frau Ellen still zu ihm emporsah. Es war sein elterlicher Garten; dort unter dem Ahorn vor dem Lusthause standen die beiden Alten selbst, das noch dunkle volle Haar seines Vaters war deutlich zu erkennen.

Der Amtsrichter hatte sich umgewandt; es war, als suchten seine Augen etwas. Die Lichter an den Moosgärtchen brannten knisternd fort; in ihrem Schein stand der Knabe vor dem aufgeschlagenen Weihnachtsbuch. Aber droben unter der Decke des hohen Zimmers war es dunkel; der Tannenbaum fehlte, der das Licht des Festes auch dort hinaufgetragen hätte.

Da klingelte draußen im Flur die Glocke, und die Haustür wurde polternd aufgerissen. »Wer ist denn das?«, sagte Frau Ellen; und Harro lief zur Tür und sah hinaus.

Draußen hörten sie eine raue Stimme fragen: »Bin ich denn hier recht beim Herrn Amtsrichter?« Und in demselben Augenblicke wandte auch der Knabe den Kopf zurück und rief: »Knecht Ruprecht; Knecht Ruprecht!« Dann zog er Vater und Mutter mit sich aus der Tür.

Es war der große bärtige Mann, der den beiden Spaziergängern vorhin oberhalb der Stadt begegnet war; bei dem Schein des Flurlämpchens sahen sie deutlich die rote Hakennase unter der beschneiten Pelzmütze leuchten. Sein langes Gepäck hatte er gegen die Wand gelehnt. »Ich habe das hier abzugeben!«, sagte er, indem er auch den schweren Quersack von der Schulter nahm.

»Von wem denn?«, fragte der Amtsrichter.

»Ist mir nichts von aufgetragen worden.«

»Wollt Ihr denn nicht nähertreten?«

Der Alte schüttelte den Kopf. »Ist alles schon besorgt! Habt gute Weihnacht beieinander!« Und indem er noch einmal mit der großen Nase nickte, war er schon zur Tür hinaus.

»Das ist eine Bescherung!«, sagte Frau Ellen fast ein wenig schüchtern.

Harro hatte die Haustür aufgerissen. Da sah er die große dunkele Gestalt schon weithin auf dem beschneiten Wege hinausschreiten.

Nun wurde die Magd herbeigerufen, deren Bescherung durch dieses Zwischenspiel bis jetzt verzögert war; und als mit ihrer Hülfe die verhüllten Dinge in das helle Weihnachtszimmer gebracht waren, kniete Frau Ellen auf dem Fußboden und begann mit ihrem Trennmesser die Nähte des großen Packens aufzulösen. Und bald fühlte sie, wie es von innen heraus sich dehnte und die immer schwächer werdenden Bande zu sprengen strebte; und als der Amtsrichter, der bisher schweigend dabeigestanden, jetzt die letzte Hüllen abgestreift hatte und es aufrecht vor sich hingestellt hielt, da war's ein ganzer mächtiger Tannenbaum, der nun nach allen Seiten seine entfesselten Zweige ausbreitete. Lange schmale Bänder von Knittergold rieselten und blitzten überall von den Spitzen durch das dunkele Grün herab; auch die Tannäpfel waren golden, die unter allen Zweigen hingen.

Harro war indes nicht müßig gewesen, er hatte den Quersack aufgebunden; mit leuchtenden Augen brachte er einen flachen, grünlackierten Kasten geschleppt. »Horch, es rappelt!«, sagte er. »Es ist ein Schubfach darin!« Und als sie es aufgezogen, fanden sie wohl ein Schock der feinsten weißen Wachskerzchen.

»Das kommt von einem echten Weihnachtsmann«, sagte der Amtsrichter, indem er einen Zweig des Baumes herunterzog, »da sitzen schon überall die kleinen Blechlampetten!«

Aber es war nicht nur ein Schubfach in dem Kasten; es war auch obenauf ein Klötzchen mit einem Schraubengang. Der Amtsrichter wusste Bescheid in diesen Dingen; nach einigen Minuten war der Baum eingeschroben und stand fest und aufrecht, seine grüne Spitze fast bis zur Decke streckend. – Die alte Magd hatte ihre Schüssel mit Äpfeln und Pfeffernüssen stehen lassen; während die andern drei beschäftigt waren, die Wachskerzen aufzustecken, stand sie neben ihnen, ein lebendiger Kandelaber, in jeder Hand einen brennenden Armleuchter emporhaltend. – Sie war aus der Heimat mit herübergekommen und hatte sich von allen am schwersten in den Brauch der Fremde gefunden. Auch jetzt betrachtete sie den stolzen Baum mit misstrauischen Augen. »Die goldenen Eier sind denn doch vergessen!«, sagte sie.

Der Amtsrichter sah sie lächelnd an: »Aber, Margret, die goldenen Tannäpfel sind doch schöner!«

»So, meint der Herr? Zu Hause haben wir immer die goldenen Eier gehabt.«

Darüber war nicht zu streiten; es war auch keine Zeit dazu. Harro hatte sich indessen schon wieder über den Quersack hergemacht. »Noch nicht anzünden!«, rief er, »das Schwerste ist noch darin!«

Es war ein fest vernageltes hölzernes Kistchen. Aber der

Amtsrichter holte Hammer und Meißel aus seinem Gerätkästchen; nach ein paar Schlägen sprang der Deckel auf und eine Fülle weißer Papierspäne quoll ihnen entgegen. – »Zuckerzeug!«, rief Frau Ellen und streckte schützend ihre Hände darüber aus. »Ich wittere Marzipan! Setzt euch; ich werde auspacken!«

Und mit vorsichtiger Hand langte sie ein Stück nach dem andern heraus und legte es auf den Tisch, das nun von Vater und Sohn aus dem umhüllenden Seidenpapier herausgewickelt wurde.

»Himbeeren!«, rief Harro. »Und Erdbeeren, ein ganzer Strauß!«

»Aber siehst du es wohl?«, sagte der Amtsrichter, »es sind Walderdbeeren; so welche wachsen in den Gärten nicht.«

Dann kam, wie lebend, allerlei Geziefer; Hornisse und Hummeln und was sonst im Sonnenschein an stillen Waldplätzchen umherzusummen pflegt, zierlich aus Dragant gebildet, mit goldbestäubten Flügeln; nun eine Honigwabe – die Zellen mochten mit Likör gefüllt sein –, wie sie die wilde Biene in den Stamm der hohlen Eiche baut; und jetzt ein großer Hirschkäfer, von Schokolade, mit gesperrten Zangen und ausgebreiteten Flügeldecken. »Cervus lucanus!«, rief Harro und klatschte in die Hände.

An jedem Stück war, je nach der Größe, ein lichtgrünes Seidenbändchen. Sie konnten der Lockung nicht widerstehen; sie begannen schon jetzt, den Baum damit zu schmücken, während Frau Ellens Hände noch immer neue Schätze ans Licht förderten.

Bald schwebte zwischen den Immen auch eine Schar von Schmetterlingen an den Tannenspitzen; da war der Himbeerfalter, die silberblaue Daphnis und der olivenfarbige Waldargus, und wie sie alle heißen mochten, die Harro hier vergebens aufzujagen gesucht hatte. – Und immer schwerer wurden die Päckchen, die eins nach dem andern von den eifrigen Händen geöffnet wurden. Denn jetzt kam das Geschlecht des größern Geflügels; da kam der Dompfaff und der Buntspecht, ein Paar Kreuzschnäbel, die im Tannenwald daheim sind; und jetzt – Frau Ellen stieß einen leichten Schrei aus – ein ganzes Nest voll kleiner schnäbelaufsperrender Vögel; und Vater und Sohn gerieten miteinander in Streit, ob es Goldhähnchen oder junge Zeisige seien, während Harro schon das kleine Heimwesen im dichtesten Tannengrün verbarg.

Noch ein Waldbewohner erschien; er musste vom Buchenrevier herübergekommen sein; ein Eichhörnchen von Marzipan, in halber Lebensgröße, mit erhobenem Schweif und klugen Augen. »Und nun ist's alle!«, rief Frau Ellen. Aber nein, ein schweres Päckchen noch! Sie öffnete es und verbarg es dann ebenso rasch wieder in beiden Händen. »Ein Prachtstück!«, rief sie, »aber nein, Paul; ich bin edelmütiger als du; ich zeig's dir nicht!«

Der Amtsrichter ließ sich das nicht anfechten; er brach ihr die nicht gar zu ernstlich geschlossenen Hände auseinander, während sie lachend über ihn wegschaute.

»Ein Hase!«, jubelte Harro, »er hat ein Kohlblatt zwischen den Vorderpfötchen!«

Frau Ellen nickte: »Freilich, er kommt auch eben aus des alten Kirchspielvogts Garten!«

»Harro, mein Junge«, sagte der Amtsrichter, indem er drohend den Finger gegen seine Frau erhob; »verspricht mir, diesen Hasen zu verspeisen, damit er gründlich aus der Welt komme!«

Das versprach Harro.

Der Baum war voll, die Zweige bogen sich; die alte Margret stöhnte, sie könne die Leuchter nicht mehr halten, sie habe gar keine Arme mehr am Leibe.

Aber es gab wieder neue Arbeit. »Anzünden!«, kommandierte der Amtsrichter; und die klein und großen Weihnachtskinder standen mit heißen Gesichtern, kletterten auf Schemel und Stühle und ließen nicht ab, bis alle Kerzen angezündet waren.

Der Baum brannte, das Zimmer war von Duft und Glanz erfüllt; es war nun wirklich Weihnachten geworden.

Ein wenig müde von der ungewohnten Anstrengung saß der Amtsrichter auf dem Sofa, nachsinnend in den gegenüberhängenden großen Wandspiegel blickend, der das Bild des brennenden Baums zurückstrahlte.

Frau Ellen, die ganz heimlich ein wenig aufzuräumen begann, wollte eben die geleerte Kiste an die Seite setzen, als sie wie in Gedanken noch einmal mit der Hand durch die Papierspäne streifte. Sie stutzte. »Unerschöpflich!«, sagte sie lächelnd. – Es war ein Star von Schokolade, den sie hervorgeholt hatte. »Und, Paul«, fuhr sie fort, »er spricht!«

Sie hatte sich zu ihm auf die Sofalehne gesetzt, und beide lasen nun gemeinschaftlich den beschriebenen Zettel, den der Vogel in seinem Schnabel trug: »Einen Wald- und Weihnachtsgruß von einer dankbaren Freundin!«

»Also von ihr!«, sagte der Amtsrichter, »ihr Herz hat ein gutes Gedächtnis. Knecht Ruprecht musste einen tüchtigen Weg zurücklegen; denn das Gut liegt fünf ganze Meilen von hier.«

Frau Ellen legte den Arm um ihres Mannes Nacken. »Nicht wahr, Paul, wir wollen auch nicht undankbar gegen die Fremde sein?«

»Oh, ich bin nicht undankbar – aber – –«

»Was denn aber, Paul?«

»Was mögen drüben jetzt die Alten machen!«

Sie antwortete nicht darauf; sie gab ihm schweigend ihre Hand.

»Wo ist Harro?«, fragte er nach einer Weile.

Harro war eben wieder ins Zimmer getreten; aus einer Schachtel, die er mit sich brachte, nahm er eine kleine verblichene Figur und befestigte sie sorgfältig an einen Zweig des Tannenbaums. Die Eltern hatten es wohl erkannt; es war ein Stück von dem Zuckerzeug des letzten heimatlichen Weihnachtsbaums; ein Dragoner auf schwarzem Pferde in langem graublauem Mantel. Der Knabe stand davor und betrachtete es unbeweglich; seine großen blauen Augen unter der breiten Stirn wurden immer finsterer. »Vater«, sagte er endlich, und seine Stimme zitterte, »es war doch schade um unser schönes Heer! – Wenn sie es nur nicht aufgelöst hätten – ich glaube, dann wären wir wohl noch zu Hause!«

Eine lautlose Stille folgte, als der Knabe das gesprochen. Dann rief der Vater seinen Sohn und zog ihn dicht an sich heran. »Du kennst noch das alte Haus deiner Großeltern«, sagte er, »du bist vielleicht das letzte Kind von den Unseren, das noch auf den großen übereinandergetürmten Bodenräumen gespielt hat; denn die Stunde ist nicht mehr fern, dass es in fremde Hand kommen wird. – Einer deiner Urahnen hat es einst für seinen Sohn gebaut. Der junge Mann fand es fertig und ausgestattet vor, als er nach mehrjähriger Abwesenheit in den Handelsstädten Frankreichs nach seiner Heimat zurückkehrte. Bei seinem Tode hat er es seinen Nachkommen hinterlassen, und sie haben darin gewohnt als Kaufherren und Senatoren oder, nachdem sie sich dem Studium der Rechte zugewandt hatten, als Bürgermeister oder Syndizi ihrer Vaterstadt. Es waren angesehene und wohldenkende Männer, die im Lauf der Zeit ihre Kraft und ihr Vermögen auf mannigfache Weise ihren Mitbürgern zugutekommen ließen. So waren sie wurzelfest geworden in der Heimat. Noch in meiner Knabenzeit gab es unter den tüchtigeren Handwerkern fast keine Familie, wo nicht von den Voreltern oder Eltern eines in den Diensten der Unserigen gestanden hätte; sei es auf den Schiffen oder in den Fabriken oder auch im Hause selbst. – Es waren das Verhältnisse des gegenseitigen Vertrauens; jeder rühmte sich des andern und suchte sich des andern wert zu zeigen; wie ein Erbe ließen es die Eltern ihren Kindern; sie kannten sich alle, über Geburt und Tod hinaus, denn sie kannten Art und Geschlecht der Jungen, die geboren wurden, und der Alten, die vor ihnen dagewesen waren.« – – Der Amtsrichter schwieg einen Augenblick, während der Knabe unbeweglich zu ihm emporsah. »Aber nicht allein in die Höhe«, fuhr er fort, »auch in die Tiefe haben deine Voreltern gebaut; zu dem steinernen Hause in der Stadt gehörte die Gruft draußen auf dem Kirchhof; denn auch die Toten sollten noch beisammen sein. – Und seltsam, da ich des inneward, dass ich fort musste, mein erster Gedanke war, ich könnte dort den Platz verfehlen. – – Ich habe sie mehr als einmal offen gesehen; das letzte Mal, als deine Urgroßmutter starb, eine Frau in hohen Jahren, wie sie den Unserigen vergönnt zu sein pflegen. – Ich vergesse den Tag nicht. Ich war hinabgestiegen und stand unten in der Dunkelheit zwischen den Särgen, die neben und über mir auf den eisernen Stangen ruhten; die ganze alte Zeit, eine ernste schweigsame Gesellschaft. Neben mir war der Totengräber, ein eisgrauer Mann. Aber einst war er jung gewesen und hatte als Kutscher, den schwarzen Pudel zwischen den Knien, die Rappen meines Großvaters gefahren. – Er stand an einen hohen Sarg gelehnt und ließ wie liebkosend seine Hand über das schwarze Tuch des Deckels gleiten. ›Dat is min ole Herr!‹, sagte er in seinem Plattdeutsch, ›dat weer en gude Mann!‹ – Mein Kind, nur dort zu Hause konnte ich solche Worte hören. Ich neigte unwillkürlich das Haupt; denn mir war, als fühlte ich den Segen der Heimat sich leibhaftig auf mich niedersenken. Ich war der Erbe dieser Toten; sie selbst waren zwar dahingegangen; aber ihre Güte und Tüchtigkeit lebte noch, und war für mich da und half mir, wo ich selber irrte, wo meine Kräfte mich verließen. – – Und auch jetzt noch, wenn ich – mir und den Meinen nicht zur Freude, aber getrieben von jenem geheimnisvollen Weh, auf kurze Zeit zurückkehrte, ich weiß es wohl, dem sich dann alle Hände dort entgegenstreckten, das war nicht ich allein.«

Er war aufgestanden und hatte einen Fensterflügel aufgestoßen. Weithin dehnte sich das Schneefeld; der Wind sauste; unter den Sternen vorüber jagten die Wolken; dorthin, wo in unsichtbarer Ferne ihre Heimat lag. – Er legte fest den Arm um seine Frau, die ihm schweigend gefolgt war; seine lichtblauen Augen lugten scharf in die Nacht hinaus. »Dort!«, sprach er leise; »ich will den Namen nicht nennen; er wird nicht gern gehört in deutschen Landen; wir wollen ihn still in unserm Herzen sprechen, wie die Juden das Wort für den Allerheiligsten.« Und er ergriff die Hand seines Kindes und presste sie so fest, dass der Junge die Zähne zusammenbiss.

Noch lange standen sie und blickten dem dunkeln Zuge der Wolken nach. – Hinter ihnen im Zimmer ging lautlos die alte Magd umher und hütete sorgsamen Auges die allmählich niederbrennenden Weihnachtskerzen.

ELEONORE LEUFGEN

Auch ein Polizist kann irren

Heiligabend vor ein paar Jahren. Wie üblich hatte ich den Tag damit verbracht, die letzten Geschenke zu besorgen, und war jetzt auf dem Weg nach Hause. Plötzlich, kurz vor der nächsten Autobahnabfahrt, leuchtete meine Benzinanzeige auf. Da die nächste Tankstelle noch ca. 50 km weit entfernt war, nahm ich die nächste Abfahrt in der Hoffnung, noch eine offene Tankstelle zu finden.

Die nächste Ortschaft war nicht weit. Doch zu meinem Pech war die Tankstelle bereits zu. Was tun? Plötzlich fiel mein Blick auf eine Polizeidienststelle. Die beiden diensthabenden Polizisten waren sehr hilfsbereit, und der eine Beamte erklärte sich bereit, zu sich nach Hause zu fahren, um von dort einen gefüllten Reservekanister zu besorgen. Das gibt's – die Polizei, dein Freund und Helfer.

Während ich auf mein Benzin wartete, kam ich mit dem anderen Polizisten ins Gespräch. Ich erzählte ihm von unseren Hamburger Kamingeschichten und fragte ihn, ob er nicht während seiner langen Dienstzeit etwas erlebt hätte, was erzählenswert sei. Er nahm einen tiefen Zug aus seiner Pfeife, sah mich gedankenverloren an und fing an zu erzählen:

... Es war vor einigen Jahren, so etwa die gleiche Uhrzeit wie jetzt, am Heiligabend. Da erhielten wir über Notruf den Anruf einer älteren Dame, die ganz aufgeregt unsere Hilfe erbat. Es ginge um ihre Nachbarin, eine junge Witwe mit 2 Kindern, um die sie sich große Sorgen mache. Sie wisse genau, die junge Frau sei zu Hause, aber das Telefon sei seit Stunden besetzt und die Klingel abgestellt. Sie habe große

Angst, es sei etwas passiert, weil doch vor einem Jahr so etwas Fürchterliches passiert sei. Ich hatte Mühe, die alte Dame zu beruhigen, und versprach, sofort zu kommen. Während ich Namen und Adresse notierte, fiel es mir plötzlich wie Schuppen von den Augen. Dieser Name und diese Anschrift – ich erinnerte mich, als ob es gestern gewesen sei.

Es war Heiligabend genau vor einem Jahr – ich hatte wieder Dienst. Das Wetter war miserabel. Es hatte geregnet. Dann wurde es auf einmal kalt, und die Straßen überzogen sich mit extremem Glatteis. Die Katastrophenmeldungen überschlugen sich. Auf der nahe gelegenen Autobahn jagte ein Unfall den anderen. Wir hatten alle Hände voll zu tun. So vernahm ich nur am Rande die Meldung meiner Kollegen von der Autobahnpolizei, daß an der Autobahnausfahrt ein schwerer Unfall passiert sei. Ich wurde erst ca. eine halbe Stunde später daran erinnert, als meine Kollegen anriefen und uns die Personalien der bei dem Unfall beteiligten Personen durchgaben mit der Bitte, die Angehörigen zu benachrichtigen, die bei uns im Ort wohnten. Ganz zum Schluß der Meldung fügte der Kollege mit leiser Stimme hinzu: »... und wenn's geht, Kollegen, nicht telefonisch, geht besser hin. Es hat keiner den Unfall überlebt.«

Ein jüngerer Mann und ein älteres Ehepaar! Wem würde ich die Nachricht überbringen müssen – und das am Heiligabend. Ich machte mich auf den Weg. Ein schmuckes Reihenhaus in der neuen Siedlung am Rande unseres Ortes. Dann stand ich vor der Tür und holte tief Luft. Es war immer das gleiche – aber nie wurde es Routine für mich. Wieder einmal Überbringer einer bitteren Nachricht.

Ich klingelte. Hinter der Tür wurde Kinderlachen laut. »Oma, Opa sind da und Papa! Hurra ...« Die Tür flog auf, und zwei neugierige Augenpaare musterten mich überrascht. Hinter ihnen trat eine junge Frau aus der Küche. Sie trocknete sich gerade die Hände an ihrer Schürze, und dann sah sie mich – zunächst ein Blick der Überraschung, dann Ungläubigkeit, Angst, dann das Begreifen ...

Ich ging erst wieder, als ich eine Nachbarin fand, die sich bereit erklärte, alle drei für die Nacht bei sich aufzunehmen. Andere Angehörige waren nicht mehr da. Auf der Rückfahrt ins Büro fuhr ich noch bei unserem Pastor vorbei, und er versprach mir, noch in derselben Stunde die Familie aufzusuchen.

Jetzt, ein Jahr später, auf den Tag genau, stand ich wieder vor dem Haus. Kein Kinderlachen, kein Duft nach Plätzchen – alles dunkel. Verdammt, hoffentlich kam ich nicht zu spät. Die Nachbarin hatte recht, die Klingel funktionierte nicht. Über Funk rief ich den Notarzt. Dann rannte ich ums Haus. Da, im Wohnzimmer war ein Lichtschein zu sehen. Ich überlegte nicht lange, ließ alle Vorschriften Vorschriften sein, wickelte meine Jacke um den Arm und schlug die Terrassentür ein. Mit einem Satz hechtete ich ins Wohnzimmer ... und starrte in drei entsetzte Augenpaare. Völlig verblüfft blieb ich stehen. Hinter mir kam mein Kollege ins Zimmer. Plötzlich war auch das Martinshorn zu hören. Der Notarzt ... Ich brachte kein Wort hervor. Noch bevor ich mich gefaßt hatte, sah mich die junge Frau verstehend an, und sie sagte mit leiser Stimme: »Sie haben doch nicht etwa gedacht, ich ... wir ... würden so etwas tun? Daß ich denen« – sie zeigte auf die Kinder – »das antun könnte?«

»Aber«, stotterte ich, »wieso haben Sie denn das Telefon und die Klingel abgestellt?« Sie antwortete mit noch leiserer Stimme, daß sie kein Mitleid wollte, gerade heute nicht. Sie wollte mit den Jungen feiern, so wie immer, als ihr Mann noch lebte. Ich sah mich um, ein kleiner Baum mit Kerzen, alles liebevoll geschmückt, auf dem Tisch die Weihnachtsgeschichte, aus der sie wohl gerade den Kindern vorgelesen hatte, als ich in das Wohnzimmer einbrach …

Der Polizist schwieg. Auch ich sagte nichts mehr. Beide hingen wir unseren Gedanken nach. Plötzlich Stimmengewirr im Flur. Die Tür wurde aufgerissen, zwei Jungens stürmten in den Raum – hinter ihnen der andere Polizist mit seinem Reservekanister. Er lachte und sagte: »Ich habe hier deine Rangen mitgebracht. Sie gehen deiner Frau ganz schön auf die Nerven. Ich habe ihr versprochen, daß sie bis zum Dienstschluß hierbleiben dürfen. Du sollst aber pünktlich zur Bescherung da sein.« Zu mir sagte er: »Na, junge Frau, dann wollen wir uns mal um Ihr Auto kümmern, damit Sie auch pünktlich zur Bescherung kommen.« Sprach's und schob mich aus der Tür.

Ich warf noch einen letzten Blick auf meinen Gesprächspartner, der mir zulächelte. Draußen vor der Tür sagte sein Kollege zu mir: »Tja, da staunen Sie, was? Der hat zwei prächtige Kinder.« Vertraulich beugte er sich vor und sagte: »Und stellen Sie sich vor, es sind nur seine Adoptivkinder. Wissen Sie, eigentlich war es eine furchtbar traurige Geschichte, aber dann ist doch eine richtige Weihnachtsgeschichte daraus geworden. Wenn Sie mal wieder hier vorbeikommen, werde ich sie Ihnen gern erzählen.«

ROLF KRENZER

Wann fängt Weihnachten an?

Wenn der Schwache
dem Starken die Schwäche vergibt,
wenn der Starke
die Kräfte des Schwachen liebt,
wenn der Habewas
mit dem Habenichts teilt,
wenn der Laute
bei dem Stummen verweilt
und begreift,
was der Stumme ihm sagen will,
wenn das Leise
laut wird
und das Laute
still,
wenn das Bedeutungsvolle
bedeutungslos,
das scheinbar Unwichtige
wichtig und groß,
wenn mitten im Dunkel
ein winziges Licht
Geborgenheit,
helles Leben verspricht,
und du zögerst nicht,

sondern du
gehst
so wie du bist
darauf zu,
dann,
ja, dann
fängt Weihnachten an.

RUDOLF HAGELSTANGE

Maria schreibt Elisabeth

Meine liebe Base ... Das Kind ist da!
Ich könnte bei Tage und Nacht lobsingen.
(Dein freundlicher Nachbar, der uns hier sah,
will dir die Botschaft bald überbringen.)

Wie soll ich's beschreiben? Und wo beginnen ...
Du weißt ja, wie schwer mir das Reisen war.
Ich kann mich auf Ärgeres nicht besinnen,
und daß ich es schaffte, bleibt wunderbar.

Es war für uns beide ein Fegefeuer
und auch für Joseph höchst unbequem.
Das Wetter war schlecht, die Herbergen teuer,
bis auf die letzte – in Bethlehem.

Wir langten dort an; es nahte der Abend.
Man wies uns die Türen allüberall –
bedauernd, verlegen, grob und hochtrabend.
Am Ende gab's Obdach in einem – Stall.

Dort kam unser Kind. Und denke nur, denk!
Es ist wahrhaftig ein kleiner Junge,
so zierlich und freundlich – ein Gottesgeschenk.
Er suchte mich gleich mit der rosigen Zunge.

Wir hatten sogar zwei Paten zur Hand:
einen Ochsen und Esel. (Ich höre dich lachen.)
Doch die Tiere bewiesen wirklich Verstand
und wußten uns vieles leichter zu machen:

Sie ließen uns ihre Futterraufe,
(Und schließlich gehörte ja ihnen das Heu.)
und sie wärmten das Kind mit sanftem Geschnaufe
und zeigten sich rührend behutsam dabei.

Das Schönste aber erlebten wir dann:
Kaum war der kleine Jesus geboren
(so nennen ich ihn und mein guter Mann),
da hörten wir es vor der Türe rumoren.

Es waren Hirten; die kamen vom Felde
und sagten, sie hätten Engel gesehen,
und einer erschien, daß er ihnen vermelde:
sie sollten zu unserem Stalle gehn.

Sie brachten Geschenke für uns und das Kind –
ich hätte vor Freude können weinen:
Käse und Milch und – die köstlicher sind –
wärmende Wolle und schmiegsames Leinen.

Sie schürten das Feuer und bliesen die Flöte,
sie kochten für uns ein schmackhaftes Mahl.
Und ein Becher Weines zauberte Röte
auf Josefs Wangen mit einem Mal.

Sie kommen fast täglich und helfen uns treu,
als wären sie alte Nachbarsleute.
Und unser Kindlein gedeiht dabei,
als ob es sich doppelt des Lebens freute.

Ach, eines weiß ich gewiß, meine Liebe:
Niemand als ich könnte glücklicher sein.
Wohin das Leben auch immer uns triebe, –
irgendwie sind wir nun stärker zu Drei'n.

Segne dich Gott, was dir immer begegnet;
segne dich, den meine Seele jetzt lobt.
Mich hat er über die Maßen erprobt.
Mich hat er über die Maßen gesegnet.

SELMA LAGERLÖF

Die heilige Nacht

Als ich fünf Jahre alt war, hatte ich einen großen Kummer. Ich weiß kaum, ob ich seitdem einen größeren gehabt habe. Das war, als meine Großmutter starb. Bis dahin hatte sie jeden Tag auf dem Ecksofa in ihrer Stube gesessen und Märchen erzählt.

Ich weiß es nicht anders, als daß Großmutter dasaß und erzählte, vom Morgen bis zum Abend, und wir Kinder saßen still neben ihr und hörten zu. Das war ein herrliches Leben. Es gab keine Kinder, denen es so gut ging wie uns. Ich erinnere mich nicht an sehr viel von meiner Großmutter. Ich erinnere mich, daß sie schönes, kreideweißes Haar hatte, und daß sie sehr gebückt ging, und daß sie immer dasaß und an einem Strumpf strickte.

Dann erinnere ich mich auch, daß sie, wenn sie ein Märchen erzählt hatte, ihre Hand auf meinen Kopf zu legen pflegte, und dann sagte sie: »Und das alles ist so wahr, wie daß ich dich sehe und du mich siehst.«

Ich entsinne mich auch, daß sie schöne Lieder singen konnte, aber das tat sie nicht alle Tage. Eines dieser Lieder handelte von einem Ritter und einer Meerjungfrau, und es hatte den Kehrreim: »Es weht so kalt, es weht so kalt, wohl über die weite See.«

Dann entsinne ich mich eines kleinen Gebets, das sie mich lehrte, und eines Psalmverses.

Von allen den Geschichten, die sie mir erzählte, habe ich nur eine schwache, unklare Erinnerung. Nur an eine einzige von ihnen erinnere ich mich so gut, daß ich sie erzählen könnte. Es ist eine kleine Geschichte von Jesu Geburt.

Seht, das ist beinah alles, was ich noch von meiner Großmutter weiß, außer dem, woran ich mich am besten erinnere, nämlich dem großen Schmerz, als sie dahinging. Ich erinnere mich an den Morgen, an dem das Ecksofa leer stand und es unmöglich war, zu begreifen, wie die Stunden des Tages zu Ende gehen sollten. Daran erinnere ich mich. Das vergesse ich nie.

Und ich erinnere mich, daß wir Kinder hingeführt wurden, um die Hand der Toten zu küssen. Und wir hatten Angst, es zu tun, aber da sagte uns jemand, daß wir nun zum letztenmal Großmutter für alle die Freude danken könnten, die sie uns gebracht hatte.

Und ich erinnere mich, wie Märchen und Lieder vom Hause wegfuhren, in einen langen, schwarzen Sarg gepackt, und niemals wiederkamen.

Ich erinnere mich, daß etwas aus dem Leben verschwunden war. Es war, als hätte sich die Tür zu einer ganzen schönen, verzauberten Welt geschlossen, in der wir früher frei aus und ein gehen durften. Und nun gab es niemand mehr, der sich darauf verstand, diese Tür zu öffnen.

Ich erinnere mich, daß wir Kinder so allmählich lernten, mit Spielzeug und Puppen zu spielen und zu leben wie andere Kinder auch, und da konnte es ja den Anschein haben, als vermißten wir Großmutter nicht mehr, als erinnerten wir uns nicht mehr an sie.

Aber noch heute, nach vierzig Jahren, wie ich dasitze und die Legenden über Christus sammle, die ich drüben im Morgenland gehört habe, wacht die kleine Geschichte von Jesu Geburt, die meine Großmutter zu erzählen pflegte, in mir auf. Und ich bekomme Lust, sie noch einmal zu erzählen und sie auch in meine Sammlung mit aufzunehmen.

Es war an einem Weihnachtstag, alle waren zur Kirche gefahren, außer Großmutter und mir. Ich glaube, wir beide waren im ganzen Hause allein. Wir hatten nicht mitfahren können, weil die eine zu jung und die andere zu alt war. Und alle beide waren wir betrübt, daß wir nicht zum Mettegesang fahren und die Weihnachtslichter sehen konnten. Aber wie wir so in unserer Einsamkeit saßen, fing Großmutter zu erzählen an.

»Es war einmal ein Mann«, sagte sie, »der in die dunkle Nacht hinausging, um sich Feuer zu leihen. Er ging von Haus zu Haus und klopfte an. ›Ihr lieben Leute, helft mir!‹ sagte er. ›Mein Weib hat eben ein Kindlein geboren, und ich muß Feuer anzünden, um sie und den Kleinen zu erwärmen.‹

Aber es war tiefe Nacht, so daß alle Menschen schliefen, und niemand antwortete ihm.

Der Mann ging und ging. Endlich erblickte er in weiter Ferne einen Feuerschein. Da wanderte er dieser Richtung zu und sah, daß das Feuer im Freien brannte. Eine Menge weißer Schafe lagen rings um das Feuer und schliefen, und ein alter Hirt wachte über der Herde. Als der Mann, der Feuer leihen wollte, zu den Schafen kam, sah er, daß drei große Hunde zu Füßen des Hirten ruhten und schliefen. Sie erwachten alle bei seinem Kommen und sperrten ihre weiten Rachen auf, als ob sie bellen wollten, aber man vernahm keinen Laut. Der Mann sah, daß sich die Haare auf ihrem Rücken sträubten, er sah, wie ihre scharfen Zähne funkelnd weiß im Feuerschein leuchteten, und wie sie auf ihn losstürzten. Er fühlte, daß einer von ihnen nach seinen Beinen schnappte und einer nach seiner Hand, und daß einer sich an seine Kehle hängte. Aber die Kinnladen und die Zähne, mit denen die Hunde beißen wollten, gehorchten ihnen nicht, und der Mann litt nicht den kleinsten Schaden.

Nun wollte der Mann weitergehen, um das zu finden, was er brauchte. Aber die Schafe lagen so dicht nebeneinander, Rücken an Rücken, daß er nicht vorwärts kommen konnte. Da stieg der Mann auf die Rücken der Tiere und wanderte über sie hin dem Feuer zu. Und keins von den Tieren wachte auf oder regte sich.«

So weit hatte Großmutter ungestört erzählen können, aber nun konnte ich es nicht lassen, sie zu unterbrechen. »Warum regten sie sich nicht, Großmutter?« fragte ich. »Das wirst du nach einem Weilchen schon erfahren«, sagte Großmutter und fuhr mit ihrer Geschichte fort.

»Als der Mann fast beim Feuer angelangt war, sah der Hirt auf. Es war ein alter, mürrischer Mann, der unwirsch und hart gegen alle Menschen war. Und als er einen Fremden kommen sah, griff er nach seinem langen, spitzigen Stabe, den er in der Hand zu halten pflegte, wenn er seine Herde hütete, und warf ihn nach ihm. Und der Stab fuhr zischend gerade auf den Mann los, aber ehe er ihn traf, wich er zur Seite und sauste, an ihm vorbei, weit über das Feld.«

Als Großmutter so weit gekommen war, unterbrach ich sie abermals. »Großmutter, warum wollte der Stock den Mann nicht schlagen?« Aber Großmutter ließ es sich nicht einfallen, mir zu antworten, sondern fuhr mit ihrer Erzählung fort.

»Nun kam der Mann zu dem Hirten und sagte zu ihm: ›Guter Freund, hilf mir, und leih mir ein wenig Feuer. Mein Weib hat eben ein Kindlein geboren, und ich muß Feuer machen, um sie und den Kleinen zu erwärmen.‹ Der Hirt hätte am liebsten nein gesagt, aber als er daran dachte, daß die Hunde dem Mann nicht hatten schaden können, daß die Schafe nicht vor ihm davongelaufen waren und daß sein Stab ihn nicht fällen wollte, da wurde ihm ein wenig bange, und er wagte es nicht, dem Fremden das abzuschlagen, was er begehrte. ›Nimm, soviel du brauchst‹, sagte er zu dem Manne.

Aber das Feuer war beinahe ausgebrannt. Es waren keine Scheite und Zweige mehr übrig, sondern nur ein großer Gluthaufen, und der Fremde hatte weder Schaufel noch Eimer, worin er die roten Kohlen hätte tragen können.

Als der Hirt dies sah, sagte er abermals: ›Nimm, soviel du brauchst!‹ Und er freute sich, daß der Mann kein Feuer wegtragen konnte. Aber der Mann beugte sich hinunter, holte die Kohlen mit bloßen Händen aus der Asche und legte sie in seinen Mantel. Und weder versengten die Kohlen seine Hände, als er sie berührte, noch versengten sie seinen Mantel, sondern der Mann trug sie fort, als wenn es Nüsse oder Äpfel gewesen wären.«

Aber hier wurde die Märchenerzählerin zum drittenmal unterbrochen. »Großmutter, warum wollte die Kohle den Mann nicht brennen?«

»Das wirst du schon hören«, sagte Großmutter, und dann erzählte sie weiter.

»Als dieser Hirt, der ein so böser, mürrischer Mann war, dies alles sah, begann er sich bei sich selbst zu wundern: ›Was kann dies für eine Nacht sein, wo die Hunde nicht beißen, die Schafe nicht erschrecken, die Lanze nicht tötet und das Feuer nicht brennt?‹ Er rief den Fremden zurück und sagte zu ihm: ›Was ist dies für eine Nacht? Und woher kommt es, daß alle Dinge dir Barmherzigkeit zeigen?‹

Da sagte der Mann: ›Ich kann es dir nicht sagen, wenn du selber es nicht siehst.‹ Und er wollte seiner Wege gehen, um bald ein Feuer anzünden und Weib und Kind wärmen zu können.

Aber da dachte der Hirt, er wolle den Mann nicht ganz aus dem Gesicht verlieren, bevor er erfahren hätte, was dies alles bedeute. Er stand auf und ging ihm nach, bis er dorthin kam, wo der Fremde daheim war.

Da sah der Hirt, daß der Mann nicht einmal eine Hütte hatte, um darin zu wohnen, sondern er hatte sein Weib und sein Kind in einer Berggrotte liegen, wo es nichts gab als nackte, kalte Steinwände.

Aber der Hirt dachte, daß das arme unschuldige Kindlein vielleicht dort in der Grotte erfrieren würde, und obgleich er ein harter Mann war, wurde er davon doch ergriffen und beschloß, dem Kinde zu helfen. Und er löste sein Ränzel von der Schulter und nahm daraus ein weiches, weißes Schaffell hervor. Das gab er dem fremden Manne und sagte, er möge das Kind darauf betten.

Aber in demselben Augenblick, in dem er zeigte, daß auch er barmherzig sein konnte, wurden ihm die Augen geöffnet, und er sah, was er vorher nicht hatte sehen, und hörte, was er vorher nicht hatte hören können.

Er sah, daß rund um ihn ein dichter Kreis von kleinen, silberbeflügelten Englein stand. Und jedes von ihnen hielt ein Saitenspiel in der Hand, und alle sangen sie mit lauter Stimme, daß in dieser Nacht der Heiland geboren wäre, der die Welt von ihren Sünden erlösen solle.

Da begriff er, warum in dieser Nacht alle Dinge so froh waren, daß sie niemand etwas zuleide tun wollten. Und nicht nur rings um den Hirten waren Engel, sondern er sah sie überall. Sie saßen in der Grotte, und sie saßen auf dem Berge, und sie flogen unter dem Himmel. Sie kamen in großen Scharen über den Weg gegangen, und wie sie vorbeikamen, blieben sie stehen und warfen einen Blick auf das Kind.

Es herrschte eitel Jubel und Freude und Singen und Spiel, und das alles sah er in der dunklen Nacht, in der er früher nichts zu gewahren vermocht hatte. Und er wurde so froh, daß seine Augen geöffnet waren, daß er auf die Knie fiel und Gott dankte.«

Aber als Großmutter soweit gekommen war, seufzte sie und sagte: »Aber was der Hirte sah, das könnten wir auch sehen, denn die Engel fliegen in jeder Weihnachtszeit unter dem Himmel, wenn wir sie nur zu gewahren vermögen.«

Und dann legte Großmutter ihre Hand auf meinen Kopf und sagte: »Dies sollst du dir merken, denn es ist so wahr, wie daß ich dich sehe und du mich siehst. Nicht auf Lichter und Lampen kommt es an, und es liegt nicht an Mond und Sonne, sondern was not tut, ist, daß wir Augen haben, die Gottes Herrlichkeit sehen können.«

Stille Nacht!

2. Stille Nacht! Heilige Nacht!
Gottes Sohn, o wie lacht
Lieb' aus deinem göttlichen Mund,
da uns schlägt die rettende Stund',
||: Christ, in deiner Geburt. :||

3. Stille Nacht! Heilige Nacht!
Hirten erst Kund gemacht.
Durch der Engel Halleluja
tönt es laut von fern und nah:
||: Christ, der Retter, ist da! :||

ANNE MAIER-SCHÄFER

Zwei Spatzen auf dem Dach

Der Platz gehörte ihnen. Seit Generationen bewohnten sie die alte Scheuer. Morgens und abends saßen sie oben auf dem Dachfirst, schnäbelten miteinander und übersahen das Land.

Keine Besonderheiten!

Der Winter zog ein.

Was sollte auch hier passieren?

Ein Bettler oder ein Wanderer übernachtete manchmal im Stroh. Und der Ochs und der Esel, die in der Scheune ihren Schlafplatz hatten, nahmen solch ungebetenen Gast als angenehme Abwechslung hin.

Aber –

was jetzt passierte, das war zu viel für die kleinen Sperlinge. Da kam ein Mann und noch ein Mann und dann eine Frau.

Im Stall entstand eine Unruhe. Nicht zu fassen!

Der Dicke verschwand.

Dann Ruhe. –

Dann ein Stöhnen, ein Schrei, ein lautes Weinen.

Ein Kind war geboren.

Die beiden Spatzen vergaßen zu zwitschern, so aufregend war das Geschehen unter ihnen. Nur der Ochs und der Esel schauten immer gleich ruhig durch die Scheune.

Dann kamen Engel von oben, sangen und musizierten. Und vom Wald her zogen die Hirten. Sie hatten Geschenke in den Händen und legten sie dem kleinen Neugeborenen zu Füßen.

Nein, irgend etwas war da ganz anders. Ihr Spatzenherz war voller Fragen. Sie flogen vom First herunter in den Stall. Im Gebälk hinter Ochs und Esel ließen sie sich nieder. Das war ein guter Platz.

Das Kind wäre Gottes Sohn?

So sangen die Engel!

So sagten die Hirten beim Weggehen.

Deswegen die Aufregung?

Der Lichterglanz?

Und die Geschenke?

Da kamen sogar drei Könige und brachten auch ihre Huldigung dar. Gold, Weihrauch, Myrrhe, so wie es sich für Könige geziemt!

Ganz beschämt saßen die Spatzen in ihrem Winkel und überlegten, wie auch sie dem Kind eine Freude bereiten könnten. Nichts fiel ihnen ein.

Etwas vorsingen? Im Kanon vielleicht? Ihr Zwitschern war ja gar nichts gegen den Gesang der himmlischen Heerscharen.

Und was Leckeres zum Essen suchen? Nein, Würmer und Käfer sind wohl nichts für so ein kleines Kind.

Ochs und Esel hatten es gut. Sie wärmten das Kind mit ihrem gewaltigen Hauch, daß es ganz rosige Backen davon bekam.

Da waren ein paar Fettfliegen unterwegs. Dauernd versuchten sie, auf der Nase des Kindes Platz zu nehmen. Der Spatz stupste seinen Kumpel und sagte: »Komm, schau dir diese Biester an, können sie nicht das kleine Kind in Ruhe lassen? Komm, wir schnappen sie uns.« Sie flogen los und holten sich die Plagegeister.

Und das Kind bedankte sich mit einem reizenden Lächeln, so wie nur ein göttliches Kind sich lächelnd bedanken kann.

Da setzten sich die beiden Spatzen zwischen Ochs und Esel. Hier konnten sie alles übersehen.

Und wenn so eine freche Fliege das Kind ärgern wollte, wups, waren die Spatzen schon unterwegs.

So hielten sie den Stall frei von lästigen Fliegen, bis die Heilige Familie nach Ägypten mußte.

Jetzt sitzen beide wieder oben auf dem First der alten Scheuer, schauen in die Ferne, ob vielleicht wieder ein Mann und eine Frau kämen und ein Kind – eine Heilige Familie – und sie als Fliegenfänger dienen könnten.

HEINRICH HEINE

Die Heilgen Drei Könige aus Morgenland

Die Heilgen Drei Könige aus Morgenland,
Sie frugen in jedem Städtchen:
Wo geht der Weg nach Bethlehem,
Ihr lieben Buben und Mädchen?

Die Jungen und Alten, sie wußten es nicht,
Die Könige zogen weiter;
Sie folgten einem goldenen Stern,
Der leuchtete lieblich und heiter.

Der Stern blieb stehn über Josephs Haus,
Da sind sie hineingegangen;
Das Öchslein brüllte, das Kindlein schrie,
Die Heilgen Drei Könige sangen.

KURT MARTI

weihnacht

damals

als gott
im schrei der geburt
die gottesbilder zerschlug

und

zwischen marias schenkeln
runzelig rot
das kind lag

THEODOR STORM

Marthe und die Uhr

»Marthe und ihre Uhr« war die erste veröffentlichte Erzählung von Theodor Storm und erschien 1848. Die ältere alleinstehende Dame lebt in einfachen Verhältnissen und verbringt den Weihnachtsabend in ihrer Stube – allein, doch nicht einsam, denn an all ihren alten Möbeln haften wertvolle Erinnerungen. Unaufhörlich bewegt eine alte Stutzuhr ihr Pendel, und im Rhythmus des beruhigenden Tickens beginnen Marthes Gedanken zu kreisen.

Während der letzten Jahre meines Schulbesuchs wohnte ich in einem kleinen Bürgerhause der Stadt, worin aber von Vater, Mutter und vielen Geschwistern nur eine alternde unverheiratete Tochter zurückgeblieben war. Die Eltern und zwei Brüder waren gestorben, die Schwestern bis auf die jüngste, welche einen Arzt am selbigen Ort geheiratet hatte, ihren Männern in entfernte Gegenden gefolgt. So blieb denn Marthe allein in ihrem elterlichen Hause, worin sie sich durch das Vermieten des früheren Familienzimmers und mit Hülfe einer kleinen Rente spärlich durchs Leben brachte. Doch kümmerte es sie wenig, dass sie nur sonntags ihren Mittagstisch decken konnte; denn ihre Ansprüche an das äußere Leben waren fast keine; eine Folge der strengen und sparsamen Erziehung, welche der Vater sowohl aus Grundsatz als auch in Rücksicht seiner beschränkten bürgerlichen Verhältnisse allen seinen Kindern gegeben hatte. Wenn aber Marthen in ihrer Jugend nur die gewöhnliche Schulbildung zuteil geworden war, so hatte das Nachdenken ihrer späteren einsamen Stunden, vereinigt mit einem behänden Verstande und dem sittlichen Ernst ihres Charakters, sie doch zu der Zeit, in welcher ich sie kennen lernte, auf eine für Frauen, namentlich des Bürgerstandes, ungewöhnlich hohe Bildungsstufe gehoben. Freilich sprach sie nicht immer grammatisch richtig, obgleich sie viel und mit Aufmerksamkeit las, am liebsten geschichtlichen oder poetischen Inhalts; aber sie wusste sich dafür meistens über das Gelesene ein richtiges Urteil zu bilden und, was so wenigen gelingt, selbständig das Gute vom Schlechten zu unterscheiden. Mörikes »Maler Nolten«, welcher damals erschien, machte großen Eindruck auf sie, so dass sie ihn immer wieder las; erst das Ganze, dann diese oder jene Partie, wie sie ihr eben zusagte. Die Gestalten des Dichters wurden für sie selbstbestimmende lebende Wesen, deren Handlungen nicht mehr an die Notwendigkeit des dichterischen Organismus gebunden waren; und sie konnte stundenlang darüber nachsinnen, auf welche Weise das hereinbrechende Verhängnis von so vielen geliebten Menschen dennoch hätte abgewandt werden können.

Die Langeweile drückte Marthen in ihrer Einsamkeit nicht, wohl aber zuweilen ein Gefühl der Zwecklosigkeit ihres Lebens nach außen hin; sie bedurfte jemandes, für den sie hätte arbeiten und sorgen können. Bei dem Mangel näher Befreundeter kam dieser löbliche Trieb ihren jeweiligen Mietern zugute, und auch ich habe manche Freundlichkeit und Aufmerksamkeit von ihrer Hand erfahren. – An Blumen hatte sie eine große Freude, und es schien mir ein Zeichen ihres anspruchslosen und resignierten Sinnes, dass sie unter ihnen die weißen und von diesen wieder die einfachen am liebsten hatte. Es war immer ihr erster Festtag im Jahre, wenn ihr die Kinder der Schwester aus deren Garten die ersten Schneeglöckchen und Märzblumen brachten; dann wurde ein kleines Porzellankörbchen aus dem Schrank herabgenommen, und die Blumen zierten unter ihrer sorgsamen Pflege wochenlang die kleine Kammer.

Da Marthe seit dem Tode ihrer Eltern wenig Menschen um sich sah und namentlich die langen Winterabende fast immer allein zubrachte, so lieh die regsame und gestaltende Phantasie, welche ihr ganz besonders eigen war, den Dingen um sie her eine Art von Leben und Bewusstsein. Sie borgte Teilchen ihrer Seele aus an die alten Möbeln ihrer Kammer, und die alten Möbeln erhielten so die Fähigkeit, sich mit ihr zu unterhalten; meistens freilich war diese Unterhaltung eine stumme, aber sie war dafür desto inniger und ohne Missverständnis. Ihr Spinnrad, ihr braungeschnitzter Lehnstuhl waren gar sonderbare Dinge, die oft die eigentümlichsten Grillen hatten; vorzüglich war dies aber der Fall mit einer altmodischen Stutzuhr, welche ihr verstorbener Vater vor über funfzig Jahren, auch damals schon als ein uraltes Stück, auf dem Trödelmarkt zu Amsterdam gekauft hatte. Das Ding sah freilich seltsam genug aus: zwei Meerweiber, aus Blech geschnitten und dann übermalt, lehnten zu jeder Seite ihr langhaariges Antlitz an das vergilbte Zifferblatt; die schuppigen Fischleiber, welche von einstiger Vergoldung zeugten, umschlossen dasselbe nach unten zu; die Weiser schienen dem Schwanze eines Skorpions nachgebildet zu sein. Vermutlich war das Räderwerk durch langen Gebrauch verschlissen; denn der Perpendikelschlag war hart und ungleich, und die Gewichte schossen zuweilen mehrere Zoll mit einem Mal hinunter. –

Diese Uhr war die beredteste Gesellschaft ihrer Besitzerin; sie mischte sich aber auch in alle ihre Gedanken. Wenn Marthe in ein Hinbrüten über ihre Einsamkeit verfallen wollte, dann ging der Perpendikel tick, tack! tick, tack! immer härter, immer eindringlicher; er ließ ihr keine Ruh, er schlug immer mitten in ihre Gedanken hinein. Endlich musste sie aufsehen; – da schien die Sonne so warm in die Fensterscheiben, die Nelken auf dem Fensterbrett dufteten so süß; draußen schossen die Schwalben singend durch den Himmel. Sie musste wieder fröhlich sein, die Welt um sie her war gar zu freundlich.

Die Uhr hatte aber auch wirklich ihren eigenen Kopf; sie war alt geworden und kehrte sich nicht mehr so gar viel an die neue Zeit; daher schlug sie oft sechs, wenn sie zwölf schlagen sollte, und ein andermal, um es wiedergutzumachen, wollte sie nicht aufhören zu schlagen, bis Marthe das Schlaglot von der Kette nahm. Das Wunderlichste war, dass sie zuweilen gar nicht dazu kommen konnte; dann schnurrte und schnurrte es zwischen den Rädern, aber der Hammer wollte nicht ausholen; und das geschah meistens mitten in der Nacht. Marthe wurde jedes Mal wach; und mochte es im klingendsten Winter und in der dunkelsten Nacht sein, sie stand auf und ruhte nicht, bis sie die alte Uhr aus ihren Nöten erlöst hatte. Dann ging sie wieder zu Bette und dachte sich allerlei, warum die Uhr sie wohl geweckt habe, und fragte sich, ob sie in ihrem Tagewerk auch etwas vergessen, ob sie es auch mit guten Gedanken beschlossen habe.

Nun war es Weihnachten. Den Christabend, da ein übermäßiger Schneefall mir den Weg zur Heimat versperrte, hatte ich in einer befreundeten, kinderreichen Familie zugebracht; der Tannenbaum hatte gebrannt, die Kinder waren jubelnd in die lang verschlossene Weihnachtsstube gestürzt; nachher hatten wir die unerlässlichen Karpfen gegessen und Bischof dazu getrunken; nichts von der herkömmlichen Feierlichkeit war versäumt worden. – Am andern Morgen trat ich zu Marthe in die Kammer, um ihr den gebräuchlichen Glückwunsch zum Feste abzustatten. Sie saß mit untergestütztem Arm am Tische; ihre Arbeit schien längst geruht zu haben.

»Und wie haben Sie denn gestern Ihren Weihnachtabend zugebracht?«, fragte ich.

Sie sah zu Boden und antwortete: »Zu Hause.«

»Zu Hause? Und nicht bei Ihren Schwesterkindern?«

»Ach«, sagte sie, »seit meine Mutter gestern vor zehn Jahren hier in diesem Bette starb, bin ich am Weihnachtabend nicht ausgegangen. Meine Schwester schickte gestern wohl zu mir, und als es dunkel wurde, dachte ich wohl daran, einmal hinzugehen; aber – die alte Uhr war auch wieder so drollig; es war akkurat, als wenn sie immer sagte: Tu es nicht, tu es nicht! Was willst du da? Deine Weihnachtsfeier gehört ja nicht dahin!«

Und so blieb sie denn zu Haus in dem kleinen Zimmer, wo sie als Kind gespielt, wo sie später ihren Eltern die Augen zugedrückt hatte und wo die alte Uhr pickte ganz wie dazumalen. Aber jetzt, nachdem sie ihren Willen bekommen und Marthe das schon hervorgezogene Festkleid wieder in den Schrank verschlossen hatte, pickte sie so leise, ganz leise und immer leiser, zuletzt unhörbar. – Marthe durfte sich ungestört der Erinnerung aller Weihnachtabende ihres Lebens überlassen: Ihr Vater saß wieder in dem braungeschnitzten Lehnstuhl; er trug das feine Sammetkäppchen und den schwarzen Sonntagsrock; auch blickten seine ernsten Augen heute so freundlich; denn es war Weihnachtabend,

Weihnachtabend vor – ach, vor sehr, sehr vielen Jahren! Ein Weihnachtsbaum zwar brannte nicht auf dem Tisch – das war ja nur für reiche Leute –, aber stattdessen zwei hohe dicke Lichter; und davon wurde das kleine Zimmer so hell, dass die Kinder ordentlich die Hand vor die Augen halten mussten, als sie aus der dunkeln Vordiele hineintreten durften. Dann gingen sie an den Tisch, aber nach der Weise des Hauses ohne Hast und laute Freudenäußerung, und betrachteten, was ihnen das Christkind einbeschert hatte. Das waren nun freilich keine teuern Spielsachen, auch nicht einmal wohlfeile, sondern lauter nützliche und notwendige Dinge, ein Kleid, ein Paar Schuhe, eine Rechentafel, ein Gesangbuch und dergleichen mehr; aber die Kinder waren gleichwohl glücklich mit ihrer Rechentafel und ihrem neuen Gesangbuch, und sie gingen eins ums andere, dem Vater die Hand zu küssen, der währenddessen zufrieden lächelnd in seinem Lehnstuhl geblieben war. Die Mutter mit ihrem milden freundlichen Gesicht unter dem eng anliegenden Scheiteltuch band ihnen die neue Schürze vor und malte ihnen Zahlen und Buchstaben zum Nachschreiben auf die neue Tafel. Doch sie hatte nicht gar lange Zeit, sie musste in die Küche und Apfelkuchen backen; denn das war für die Kinder eine Hauptbescherung am Weihnachtabend; die mussten notwendig gebacken werden. Da schlug der Vater das neue Gesangbuch auf und stimmte mit seiner klaren Stimme an: »Frohlockt, lobsinget Gott«; die Kinder aber, die alle Melodien kannten, stimmten ein: »Der Heiland ist gekommen«; und so sangen sie den Gesang zu Ende, indem sie alle um des Vaters Lehnstuhl herumstanden. Nur in den Pausen hörte man in der Küche das Hantieren der Mutter und das Prasseln der Apfelkuchen. – –

Tick, tack! ging es wieder; tick, tack! immer härter und eindringlicher. Marthe fuhr empor; da war es fast dunkel um sie her, draußen auf dem Schnee nur lag trüber Mondschein. Außer dem Pendelschlag der Uhr war es totenstill im Hause. Keine Kinder sangen in der kleinen Stube, kein Feuer prasselte in der Küche. Sie war ja ganz allein zurückgeblieben; die andern waren alle, alle fort. – Aber was wollte die alte Uhr denn wieder? – Ja, da warnte es auf elf – und ein anderer Weihnachtabend tauchte in Marthens Erinnerung auf, ach! ein ganz anderer; viele, viele Jahre später! Der Vater und die Brüder waren tot, die Schwestern verheiratet; die Mutter, welche nun mit Marthen allein geblieben war, hatte schon längst des Vaters Platz im braunen Lehnstuhl eingenommen und ihrer Tochter die kleinen Wirtschaftssorgen übertragen; denn sie kränkelte seit des Vaters Tode, ihr mildes Antlitz wurde immer blässer, und ihre freundlichen Augen blickten immer matter; endlich musste sie auch den Tag über im Bette bleiben. Das war schon über drei Wochen, und nun war es Weihnachtabend. Marthe saß an ihrem Bett und horchte auf den Atem der Schlummernden; es war totenstill in der Kammer, nur die Uhr pickte. Da warnte es auf elf, die Mutter schlug die Augen auf und verlangte zu trinken. »Marthe«, sagte sie, »wenn es erst Frühling wird und ich wieder zu Kräften gekommen bin, dann wollen wir deine Schwester Hanne besuchen; ich habe ihre Kinder eben im Traume gesehen – du hast hier gar zu wenig Vergnügen.« – Die Mutter hatte ganz vergessen, dass Schwester Hannes Kinder im Spätherbst gestorben waren; Marthe erinnerte sie auch nicht daran, sie nickte schweigend mit dem Kopf und fasste ihre abgefallenen Hände. Die Uhr schlug elf. –

Auch jetzt schlug sie elf – aber leise, wie aus weiter, weiter Ferne. –

Da hörte Marthe einen tiefen Atemzug; sie dachte, die Mutter wolle wieder schlafen. So blieb sie sitzen, lautlos, regungslos, die Hand der Mutter noch immer in der ihren; am Ende verfiel sie in einen schlummerähnlichen Zustand. Es mochte so eine Stunde vergangen sein; da schlug die Uhr zwölf! – Das Licht war ausgebrannt, der Mond schien hell ins Fenster; aus den Kissen sah das bleiche Gesicht der Mutter. Marthe hielt eine kalte Hand in der ihrigen. Sie ließ diese kalte Hand nicht los, sie saß die ganze Nacht bei der toten Mutter. –

So saß sie jetzt bei ihren Erinnerungen in derselben Kammer, und die alte Uhr pickte bald laut, bald leise; sie wusste von allem, sie hatte alles miterlebt, sie erinnerte Marthe an alles, an ihre Leiden, an ihre kleinen Freuden. –

Ob es noch so gesellig in Marthens einsamer Kammer ist? Ich weiß es nicht; es sind viele Jahre her, seit ich in ihrem Hause wohnte, und jene kleine Stadt liegt weit von meiner Heimat. – Was Menschen, die das Leben lieben, nicht auszusprechen wagen, pflegte sie laut und ohne Scheu zu äußern: »Ich bin niemals krank gewesen; ich werde gewiss sehr alt werden.«

Ist ihr Glaube ein richtiger gewesen, und sollten diese Blätter den Weg in ihre Kammer finden, so möge sie sich beim Lesen auch meiner erinnern. Die alte Uhr wird helfen; sie weiß ja von allem Bescheid.

HILDE DOMIN

Weihnachtsbotschaft

Die Heiliggeistkirche hell erleuchtet …
Das Johannesevangelium.
Am Anfang war das Wort. Dann das Lukasevangelium.

Und der Engel mit dem Schwert gab in
dieser Nacht die Paradiespforte wieder frei.

»Die Tür zum Paradies« hieß es. Ich hatte es mir
nie überlegt,
dass es ja weiter bewacht und verboten ist.

Das war für mich die Weihnachtsbotschaft:
dass in dieser Nacht
der Cherub den Wachposten räumte.

MARIE LUISE KASCHNITZ

Das Wunder

Die Schwierigkeit, die man im Verkehr mit Don Crescenzo hat, besteht darin, daß er stocktaub ist. Er hört nicht das geringste und ist zu stolz, den Leuten von den Lippen zu lesen. Trotzdem kann man ein Gespräch mit ihm nicht einfach damit anfangen, daß man etwas auf einen Zettel schreibt. Man muß so tun, als gehöre er noch zu einem, als sei er noch ein Teil unserer lauten, geschwätzigen Welt.

Als ich Don Crescenzo fragte, wie das an Weihnachten gewesen sei, saß er auf einem der Korbstühlchen am Eingang seines Hotels. Es war sechs Uhr, und der Strom der Mittagskarawanen hatte sich verlaufen. Es war ganz still, und ich setzte mich auf das andere Korbstühlchen, gerade unter das Barometer mit dem Werbebild der Schiffahrtslinie, einem weißen Schiff im blauen Meer. Ich wiederholte meine Frage, und Don Crescenzo hob die Hände gegen seine Ohren und schüttelte bedauernd den Kopf. Dann zog er ein Blöckchen und einen Bleistift aus der Tasche, und ich schrieb das Wort Natale und sah ihn erwartungsvoll an.

Ich werde jetzt gleich anfangen, meine Weihnachtsgeschichte zu erzählen, die eigentlich Don Crescenzos Geschichte ist. Aber vorher muß ich noch etwas über diesen Don Crescenzo sagen. Meine Leser müssen wissen, wie arm er einmal war und wie reich er jetzt ist, ein Herr über hundert Angestellte, ein Besitzer von großen Wein- und Zitronengärten und von sieben Häusern. Sie müssen sich sein Gesicht vorstellen, das mit jedem Jahr der Taubheit sanfter wirkt, so als würden Gesichter nur von der beständigen

Rede und Gegenrede geformt und bestimmt. Sie müssen ihn vor sich sehen, wie er unter den Gästen seines Hotels umhergeht, aufmerksam und traurig und schrecklich allein. Und dann müssen sie auch erfahren, daß er sehr gern aus seinem Leben erzählt und daß er dabei nicht schreit, sondern mit leiser Stimme spricht.

Oft habe ich ihm zugehört, und natürlich war mir auch die Weihnachtsgeschichte schon bekannt. Ich wußte, daß sie mit der Nacht anfing, in der der Berg kam, ja, so hatten sie geschrien: Der Berg kommt, und sie hatten das Kind aus dem Bett gerissen und den schmalen Felsenweg entlang. Er war damals sieben Jahre alt, und wenn Don Crescenzo davon berichtete, hob er die Hände an die Ohren, um zu verstehen zu geben, daß dieser Nacht gewiß die Schuld an seinem jetzigen Leiden zuzuschreiben sei.

Ich war sieben Jahre alt und hatte das Fieber, sagte Don Crescenzo und hob die Hände gegen die Ohren, auch dieses Mal. Wir waren alle im Nachthemd, und das war es auch, was uns geblieben war, nachdem der Berg unser Haus ins Meer gerissen hatte, das Hemd auf dem Leibe, sonst nichts. Wir wurden von Verwandten aufgenommen, und andere Verwandte haben uns später das Grundstück gegeben, dasselbe, auf dem jetzt das Albergo steht. Meine Eltern haben dort, noch bevor der Winter kam, ein Haus gebaut. Mein Vater hat die Maurerarbeiten gemacht, und meine Mutter hat ihm die Ziegel in Säcken den Abhang hinuntergeschleppt. Sie war klein und schwach, und wenn sie glaubte, daß niemand in der Nähe sei, setzte sie sich einen Augenblick auf die Treppe und seufzte, und die Tränen liefen ihr über das Gesicht. Gegen Ende des Jahres war das Haus fertig, und wir schliefen auf dem Fußboden, in Decken gewickelt, und froren sehr.

Und dann kam Weihnachten, sagte ich und deutete auf das Wort Natale, das auf dem obersten Zettel stand.

Ja, sagte Don Crescenzo, dann kam Weihnachten, und an diesem Tage war mir so traurig zumute, wie in meinem ganzen Leben nicht. Mein Vater war Arzt, aber einer von denen, die keine Rechnungen schreiben. Er ging hin und behandelte die Leute, und wenn sie fragten, was sie schuldig seien, sagte er, zuerst müßten sie die Arzneien kaufen und dann das Fleisch für die Suppe, und dann wolle er ihnen sagen, wieviel. Aber er sagte es nie. Er kannte die Leute hier sehr gut und wußte, daß sie kein Geld hatten. Er brachte es einfach nicht fertig, sie zu drängen, auch damals nicht, als wir alles verloren hatten und die letzten Ersparnisse durch den Hausbau aufgezehrt waren. Er versuchte es einmal, kurz vor Weihnachten, an dem Tag, an dem wir unser letztes Holz im Herd verbrannten. An diesem Abend brachte meine Mutter einen Stoß weißer Zettel nach Hause und legte sie vor meinen Vater hin, und dann nannte sie ihm eine Reihe von Namen, und mein Vater schrieb die Namen auf die Zettel und jedesmal ein paar Zahlen dazu. Aber als er damit fertig war, stand er auf und warf die Zettel in das Herdfeuer, das gerade am Ausgehen war. Das Feuer flackerte sehr schön, und ich freute mich darüber, aber meine Mutter fuhr zusammen und sah meinen Vater traurig und zornig an.

So kam es, daß wir am vierundzwanzigsten Dezember kein Holz mehr hatten, kein Essen und keine Kleider, die anständig genug gewesen wären, damit in die Kirche zu gehen. Ich glaube nicht, daß meine Eltern sich darüber viel Gedanken machten. Erwachsene, denen so etwas geschieht, sind gewiß der Überzeugung, daß es ihnen schon einmal wieder besser gehen wird und daß sie dann essen und trinken und

Gott loben können, wie sie es so oft getan haben im Laufe der Zeit. Aber für ein Kind ist das etwas ganz anderes. Ein Kind sitzt da und wartet auf das Wunder, und wenn das Wunder nicht kommt, ist alles aus und vorbei ...

Bei diesen Worten beugte sich Don Crescenzo vor und sah auf die Straße hinaus, so als ob dort etwas seine Aufmerksamkeit in Anspruch nähme. Aber in Wirklichkeit versuchte er nur, seine Tränen zu verbergen. Er versuchte, mich nicht merken zu lassen, wie das Gift der Enttäuschung noch heute alle Zellen seines Körpers durchdrang.

Unser Weihnachtsfest, fuhr er nach einer Weile fort, ist gewiß ganz anders als die Weihnachten bei Ihnen zu Hause. Es ist ein sehr lautes, sehr fröhliches Fest. Das Jesuskind wird im Glasschrein in der Prozession getragen, und die Blechmusik spielt. Viele Stunden lang werden Böllerschüsse abgefeuert, und der Hall dieser Schüsse wird von den Felsen zurückgeworfen, so daß es sich anhört wie eine gewaltige Schlacht. Raketen steigen in die Luft, entfalten sich zu gigantischen Palmenbäumen und sinken in einem Regen von Sternen zurück ins Tal. Die Kinder johlen und lärmen, und das Meer mit seinen schwarzen Winterwellen rauscht so laut, als ob es vor Freude schluchze und singe. Das ist unser Christfest, und der ganze Tag vergeht mit Vorbereitungen dazu. Die Knaben richten ihre kleinen Feuerwerkskörper, und die Mädchen binden Kränze und putzen die versilberten Fische, die sie der Madonna umhängen. In allen Häusern wird gebraten und gebacken und süßer Sirup gerührt.

So war es auch bei uns gewesen, solange ich denken konnte. Aber in der Christnacht, die auf den Bergsturz folgte, war es in unserem Hause furchtbar still. Es brannte kein Feuer, und darum blieb ich so lange wie möglich draußen, weil es dort immer noch ein wenig wärmer war als drinnen. Ich saß auf den Stufen und sah zur Straße hinauf, wo die Leute vorübergingen und wo die Wagen mit ihren schwachen Öllämpchen auftauchten und wieder verschwanden. Es war eine Menge Leute unterwegs, Bauern, die mit ihren Familien in die Kirche fuhren, und andere, die noch etwas zu verkaufen hatten, Eier und lebendige Hühner und Wein. Als ich da saß, konnte ich das Gegacker der Hühner hören und das lustige Schwatzen der Kinder, die einander erzählten, was sie alles erleben würden heute nacht. Ich sah jedem Wagen nach, bis er in dem dunklen Loch des Tunnels verschwand, und dann wandte ich den Kopf wieder und schaute nach einem neuen Fuhrwerk aus; als es auf der Straße stiller wurde, dachte ich, das Fest müsse begonnen haben, und ich würde nun etwas vernehmen von dem Knattern der Raketen und den Schreien der Begeisterung und des Glücks. Aber ich hörte nichts als die Geräusche des Meeres, das gegen die Felsen klatschte, und die Stimme meiner Mutter, die betete und mich aufforderte, einzustimmen in die Litanei. Ich tat es schließlich, aber ganz mechanisch und mit verstocktem Gemüt. Ich war sehr hungrig und wollte mein Essen haben, Fleisch und Süßes und Wein. Aber vorher wollte ich mein Fest haben, mein schönes Fest …

Und dann auf einmal veränderte sich alles auf eine unfaßbare Art. Die Schritte auf der Straße gingen nicht mehr vorüber, und die Fahrzeuge hielten an. Im Schein der Lampen sahen wir einen prallen Sack, der in unseren Garten geworfen, und hochgepackte Körbe, die an den Rand der Straße gestellt wurden. Eine Ladung Holz und Reisig rutschte die Stufen herunter, und als ich mich vorsichtig die Treppe hinauftastete, fand ich auf dem niederen Mäuerchen, auf Tellern und Schüsseln, Eier, Hühner und Fisch. Es dauerte eine ganze Weile, bis die geheimnisvollen Geräusche zum Schweigen kamen und wir nachsehen konnten, wie reich wir mit einem Male waren. Da ging meine Mutter in die Küche und machte Feuer an, und ich stand draußen und sog inbrünstig den Duft in mich ein, der bei der Verbindung von heißem Öl, Zwiebeln, gehacktem Hühnerfleisch und Rosmarin entsteht.

Ich wußte in diesem Augenblick nicht, was meine Eltern schon ahnen mochten, nämlich, daß die Patienten meines Vaters, diese alten Schuldner, sich abgesprochen hatten, ihm Freude zu machen auf diese Art. Für mich fiel alles vom Himmel, die Eier und das Fleisch, das Licht der Kerzen, das Herdfeuer und der schöne Kittel, den ich mir aus einem Packen Kleider hervorwühlte und so schnell wie möglich überzog. Lauf, sagte meine Mutter, und ich lief die Straße hinunter und durch den langen, finsteren Tunnel, an dessen Ende es schon glühte und funkelte von buntem Licht. Als ich in die Stadt kam, sah ich schon von weitem den roten und goldenen Baldachin, unter dem der Bischof die steile Treppe hinaufgetragen wurde. Ich hörte die Trommeln und die Pauken und das Evvivageschrei und brüllte aus Leibeskräften mit. Und dann fingen die großen Glocken in ihrem offenen Turm an zu schwingen und zu dröhnen.

Don Crescenzo schwieg und lächelte freudig vor sich hin. Gewiß hörte er jetzt wieder, mit einem inneren Gehör, alle diese heftigen und wilden Geräusche, die für ihn so lange zum Schweigen gekommen waren und die ihm in seiner Einsamkeit noch viel mehr als jedem anderen Menschen bedeuteten: Menschenliebe, Gottesliebe, Wiedergeburt des Lebens aus dem Dunkel der Nacht.

Ich sah ihn an, und dann nahm ich das Blöckchen zur Hand. Sie sollten schreiben, Don Crescenzo. Ihre Erinnerungen. – Ja, sagte Don Crescenzo, das sollte ich. Einen Augenblick lang richtete er sich hoch auf, und man konnte ihm ansehen, daß er die Geschichte seines Lebens nicht geringer einschätzte als das, was im Alten Testament stand oder in der Odyssee. Aber dann schüttelte er den Kopf. Zuviel zu tun, sagte er.

Und auf einmal wußte ich, was er mit all seinen Umbauten und Neubauten, mit der Bar und den Garagen und dem Aufzug hinunter zum Badeplatz im Sinne hatte. Er wollte seine Kinder schützen vor dem Hunger, den traurigen Weihnachtsabenden und den Erinnerungen an eine Mutter, die Säcke voll Steine schleppt und sich hinsetzt und weint.

GÜNTER KUNERT

Weihnacht

In allen Häusern ist schon Licht.
Hingegen in den Hauptessachen: Dunkelheit.
Unhörbar, was die Nacht verspricht
an kurzer Freude und an langem Leid.

Was hier als Zeichen in der Wiege ruht,
Jahrhundert um Jahrhundert fromm verehrt:
Ein bißchen Fleisch und Bein und Blut
ist allemal auch uns beschert.

Doch alles Feiern gilt dem einen Kind,
das später einmal unter Foltern stirbt.
Trotz allem Licht: Wir bleiben blind:
auf daß uns nichts den Appetit verdirbt.

Es ist ein Ros' entsprungen

2. Das Röslein, das ich meine,
davon Jesaja sagt,
hat uns gebracht alleine
Marie, die reine Magd;
Aus Gottes ew'gem Rat
hat sie ein Kind geboren
wohl zu der halben Nacht.

3. Das Blümelein so kleine,
das duftet uns so süß;
mit seinem hellen Scheine
vertreibt's die Finsternis:
Wahr' Mensch und wahrer Gott,
hilft uns aus allem Leide,
rettet von Sünd' und Tod.

4. O Jesu, bis zum Scheiden
aus diesem Jammertal
lass dein Hilf uns geleiten
hin in den Freudensaal,
in deines Vaters Reich,
da wir dich ewig loben.
O Gott, uns das verleih.

ROLF KRENZER

Torsten und der Weihnachtsmann

Alle haben den Weihnachtsmann schon einmal gesehen. Oma und Opa, Tante Trude und Onkel Rainer. Und Mama und Papa natürlich auch.

Nur Torsten nicht.

»Wo wohnt der Weihnachtsmann?« fragt Torsten die Oma.

»Im Weihnachtswald!« sagt die Oma.

Und wie soll Torsten zum Weihnachtswald kommen?

»Er wohnt in Rußland!« sagt der Opa. »Aber das ist so weit, daß er nur einmal im Jahr zu uns kommen kann!«

»Und er hat so viel zu tun, daß du ihn leider nicht sehen kannst!« meint Tante Trude.

»Er hat bestimmt Zeit für mich!« sagt Torsten tapfer. »Ich muß ihn nur finden!« Beim Abendessen erzählen Mama und Papa von den Leuten, die in das Haus am Ende der Straße gezogen sind. Aussiedler aus Rußland, die jetzt für immer hier wohnen werden.

Die Eltern erzählen sich oft viel, von dem Torsten nichts versteht. Und meistens hört er auch gar nicht zu. Als aber von Rußland die Rede ist, da spitzt er doch die Ohren.

»Aus Rußland?« fragt er.

Papa nickt.

»Ist der Weihnachtsmann auch dabei?« fragt Torsten.

Da lachen Mama und Papa, und Mama schüttelt den Kopf. »Ganz bestimmt nicht, Torsten!« sagt sie.

Vielleicht wissen es Mama und Papa nur nicht, denkt Torsten und nimmt sich vor, doch lieber einmal genauer aufzupassen, wer alles in dem Haus wohnt. Torsten darf morgens schon ganz allein zu dem Bäckerladen an der Ecke gehen. Er braucht nicht über die Straße und kann immer auf dem Bürgersteig bleiben. Manchmal holt Torsten Brötchen oder Stückchen. Manchmal auch Milch oder Käse. In dem Bäckerladen gibt es alles, was Mutti ihm auf den Zettel schreibt. Torsten ist stolz, daß er bereits so groß ist und allein einkaufen kann. Und Mutti ist stolz auf Torsten.

Als Torsten am nächsten Morgen zum Einkaufen geht, läuft er am Bäckerladen vorbei bis zu dem Haus am Ende der Straße. Aber er sieht keinen, der dort wohnt. Auch am nächsten Morgen trifft er nur Frau Schnell und die alte Oma Bröckelmann, die jeden Morgen zwei Stück Kuchen kauft.

Aber als er am dritten Morgen gerade aus dem Bäckerladen kommt, da sieht er den Weihnachtsmann ein paar Häuser weiter. Er geht langsam und gebückt und hat einen dicken Mantel an und eine altmodische Mütze auf dem Kopf. Ja, das muß der Weihnachtsmann sein! denkt Torsten, wenn er sich auch ein bißchen über die Plastiktüte wundert, mit der sich der Weihnachtsmann abschleppt. Auf den Bildern in seinem Bilderbuch hat der Weihnachtsmann immer einen Sack.

Mit den Brötchen, der Butter und der Teewurst in seinem kleinen Einkaufskorb rennt Torsten sogleich hinter dem Weihnachtsmann her. Und es stört ihn gar nicht, daß das Wechselgeld in seinem Korb dabei leise klingelt; wenn es hin und her geschleudert wird.

»Hallo, Weihnachtsmann!« ruft Torsten und versucht, den alten Mann einzuholen. Als er ganz nahe ist, packt er ihn hinten am Mantel fest.

»Hallo, Weihnachtsmann!« sagt er noch einmal, als der Mann stehenbleibt und sich nach ihm umdreht.

»Hm?« fragt der Mann und spricht etwas in einer Sprache, die Torsten nicht versteht. Und besonders freundlich sieht er auch nicht aus.

»Kommst du aus Rußland?« fragt Torsten mutig und blickt dem alten Mann ins Gesicht. Eigentlich hat er sich den Bart des Weihnachtsmanns ganz anders vorgestellt. Nicht so schwarz und zottelig, sondern lang und weiß mit vielen zarten Locken.

»Rrrrrußland!« sagt der Mann und rollt das Wort richtig aus, so wie es Torsten noch nie im Leben gehört hat. Das kann nur der Weihnachtsmann sein!

Aber was kann man dem Weihnachtsmann jetzt noch sagen? Torsten überlegt krampfhaft und ist richtig froh, daß ihm plötzlich das Lied wieder einfällt, was er erst kürzlich dem Nikolaus vorgesungen hat.

Dem Nikolaus hat es gefallen. Und vielleicht gefällt es auch dem Weihnachtsmann.

So stellt Torsten seinen Korb an den Gartenzaun, greift mit beiden Händen nach den Händen des Weihnachtsmanns und beginnt mit zittriger Stimme zu singen:

»Laßt uns froh und munter sein und uns recht von Herzen freun!«

Zuerst blickt ihn der alte Mann verwundert an. Dann huscht ein Lächeln über sein Gesicht. Und dann nickt er dem kleinen Jungen freundlich zu und stampft mit seinen Füßen den Takt zu dem Lied.

Torsten kann nur eine Strophe des schönen Liedes. Aber er singt sie gleich zweimal, weil er so glücklich ist, daß er endlich den Weihnachtsmann gefunden hat.

Als er fertig ist, streicht ihm der alte Mann über das Haar. Und da sieht Torsten, daß er Tränen in den Augen hat. Tränen wie Oma sie in den Augen hatte, als Torsten ihr letzten Monat das Geburtstagslied zum Geburtstag vorgesungen hat.

Er hatte es mit Mutti extra für Omas Geburtstag gelernt.

»Gutt! Gutt!« sagt der Weihnachtsmann schließlich und greift mit seiner Hand in die Plastiktasche. Er holt einen dicken Apfel heraus und schenkt ihn Torsten.

»Danke, Weihnachtsmann!« sagt Torsten und strahlt. So steht er lange da mit dem Apfel in der Hand und blickt dem alten Mann nach, der jetzt mit langsamen Schritten und der Plastiktüte in der Hand auf das letzte Haus in der Straße zugeht.

Dann nimmt Torsten seinen Korb und rennt so schnell er kann nach Hause. »Ich habe den Weihnachtsmann getroffen!« ruft er glücklich.

Und als Mama ihn ganz komisch anblickt und anscheinend nichts, aber auch gar nichts versteht, greift er in seinen Korb und hält ihr den Apfel hin.

»Den hat er mir geschenkt, Mama!« schreit er. »Der Weihnachtsmann!«

PETER SCHÜTT

Bethlehem

Wenn man absieht von allem,
was fromme Legende hinzutat,
Ochs, Esel, Hirten auf dem Feld,
Engel, den Stern, die Heiligen drei Könige,
Jungfräulichkeit und Theologie,
bleibt ein Ereignis,
das in der dritten Welt alle Tage vorkommt:
Irgendwo zwischen Delhi und Benares,
zwischen Bahia und Santiago,
zwischen Saigon und Danang.
Ohne ärztlichen Beistand, unterernährt,
nicht seßhaft und kaum, daß auf den Mann Verlaß ist,
bringt eine Frau ihr Kind zur Welt,
das lebt entweder oder stirbt mit der Mutter
noch im Kindbett, es siecht dahin,
verendet am Hunger oder an der Schwindsucht.

Von Zeit zu Zeit hat so ein Wurm Glück,
es lernt Krankenhaus und Schule kennen
und kriegt satt zu essen. Dann verkünden
die Weisen aus dem Morgenland: ein Mensch
ist Mensch geworden. Ziemlich sicher, daß er,
sollte er Ansprüche geltend machen,
bald mit den Mächtigen in Konflikt gerät,
man wird ihn erledigen, und Wenigermutige
werden ihn als Märtyrer feiern,
die Mörder werden seine Lebensgeschichte ausschmücken
bis sie wohnlich geworden ist und weihnachtlich.

JÖRG BUCHNA

Alle Jahre wieder

Es würde sein wie jedes Jahr. Er hatte sich im Laufe der Jahre daran gewöhnt – oder es doch zumindest versucht. Gewiss, da blieb die Erinnerung, dass diese Tage früher einmal ganz anders gewesen waren. Aber, mein Gott, was war früher nicht alles anders gewesen! Nein, er würde sich nicht diesen Gefühlsduseleien hingeben, die wie eine Plage ganze Heerscharen von Menschen regelmäßig in diesen Tagen des Jahres heimzusuchen schienen.

Er hatte sich nichts vorzuwerfen, dass alles so gekommen war, wie es jetzt war. Und selbst wenn – was würde es ändern? Er hatte sich damit abgefunden, so zu leben, wie er lebte. Mochten sich doch die Leute über ihn den Mund zerreißen. Ihm war das gleichgültig. Er fiel jedenfalls niemandem zur Last. Und das war ihm das Wichtigste. Nur kein Mitleid erwecken. Immer schon hatte er sich allein durchs Leben geschlagen. Und so sollte es auch bleiben. Lächerlich geradezu diese Angebote, ihm helfen zu wollen. Er konnte sich doch wirklich noch selbst gut genug versorgen. Sicher, das Laufen fiel ihm zunehmend schwerer. Auch seine Vergesslichkeit nahm zu, wie er mit gewissem Erschrecken feststellen musste.

Aber das ging Tausenden von Menschen in seinem Alter ebenso. Ach was, Alter. Wenn er an den Schluppach dachte – der war so alt wie er. Und wie sah der aus! Da sah er ja mindestens zehn Jahre jünger aus. Von dem Kempmann ganz zu schweigen. Den konnte man ja kaum noch wiedererkennen. Was war das mal früher für ein gut aussehender Mann gewesen! Warum hatte der aber auch so viel saufen müssen? Gut, dem war auch die Frau weggestorben. Das ist natürlich keine leichte Sache, so etwas. Aber deswegen musste man doch nicht zu saufen anfangen. Hatte er selbst ja auch nicht getan.

War das nun die Wohnungsklingel, die da läutete – oder das Telefon? Sein Gehör war eigentlich noch recht gut. Aber man konnte das wirklich schlecht unterscheiden. Das war zwar ärgerlich. Aber so häufig kam das nun auch nicht vor, als dass es sich gelohnt hätte, da Abhilfe zu schaffen. Wer wollte denn schon noch etwas von ihm?

Es war doch die Wohnungstür. Sollte er überhaupt aufmachen? Vielleicht war das wieder die Frau Saalhofer mit ihrer Spendendose. Die ging ihm mit ihrem Gequatsche furchtbar auf die Nerven. Darum gab er ihr lieber gleich immer ein paar Mark. Sozusagen als Schweigegeld – denn dann war er sie los.

Aber was, wenn die Mahnkesche jetzt vor der Tür stand? Nicht auszudenken. Die wollte ihn immer bekehren. Ausgerechnet die! Ausgerechnet ihn! Was wusste die denn vom Leben! Die kannte doch nur die Sonnenseiten. Und die wollte ihm was von Gott erzählen. Na ja, jetzt, so kurz vor Weihnachten, schien ihr wohl die richtige Zeit dafür zu sein. Aber nicht mit ihm.

Er brauchte sich von dieser Schön-Wetter-Maid nichts über den Glauben erzählen zu lassen. Er nicht! Sollte sie ruhig weiterklingeln, die Mahnkesche. Eigentlich eine Unverschämtheit, einen anderen Menschen so zu belästigen. Jetzt fing die doch sogar noch an, gegen die Tür zu pochen. Das grenzte ja schon an Hausfriedensbruch, einen so zu bedrängen. So weit war sie bisher noch nie gegangen. Passte im Grunde auch gar nicht zur Mahnkeschen mit ihrer sanften Tour.

Allmählich ging ihm dies Geklingel und Gepoche doch auf

den Geist! Eigentlich sollte man bei so was die Polizei holen. Aber das brachte auch nur wieder Unannehmlichkeiten.

Rief da jetzt nicht jemand? Er stand auf, was ihm sehr, sehr schwerfiel. Er ging, nein er schleppte sich, wobei er sich an den Möbeln abstützte, in den Flur. Tatsächlich, da rief jemand seinen Namen. Jetzt schon wieder! Nein, sein Name war das ja eigentlich gar nicht. Es war mehr so eine Art Kosename gewesen.

Aber wie lange war das her, dass er diesen Namen zum letzten Mal gehört hatte? Und wie viel andere, schlimme, verletzende Worte hatte er aus diesem Mund, der ihn da jetzt rief, nicht inzwischen hören müssen! Gewiss, auch er selbst war keine Antwort schuldig geblieben. »Ich komm ja schon«, hörte er sich wie einen Fremden sagen.

Als er die Tür geöffnet hatte, wünschte ein kleines Kind, das er noch nie zuvor gesehen hatte, mit schüchterner Stimme »Frohe Weihnacht, Opa«. Und eine Frau, der er eigentlich nie mehr begegnen wollte, schob jetzt den kleinen Enkel zu ihm hin.

»Kommt herein«, sagte er leise und nahm dabei das Kind auf seinen Arm, »ihr habt lange genug draußen gestanden.«

ROSE AUSLÄNDER

New Yorker Weihnachten

In erträumten Türmen
läuten Glocken Mirakel

Läden fiebern
aus Drehtüren rollen Lieder
in den Tumult

Tannen lächeln
elektrische Liebe

Taube weihnachtsweiß
deine Botschaft
in welchem Reich
freundlich aufgenommen
auf welcher Tanne wächst
dein Gefieder

Die verschollenen Könige
kommen heute nach New York
mit magischen Geschenken
Sie pilgern nach Harlem
zu den Spirituals
verbrüdern sich im Hafen
mit der Mannschaft gescheiterter Schiffe
verloben sich in der Bar
mit Branntweinbräuten

In imaginären Türmen
läuten Glocken Mirakel

JOACHIM RINGELNATZ

Schenken

Schenke groß oder klein,
Aber immer gediegen.
Wenn die Bedachten
Die Gaben wiegen,
Sei dein Gewissen rein.

Schenke herzlich und frei.
Schenke dabei,
Was in dir wohnt
An Meinung, Geschmack und Humor,
So daß die eigene Freude zuvor
Dich reichlich belohnt.

Schenke mit Geist ohne List.
Sei eingedenk,
Daß dein Geschenk
Du selber bist.

JOHANN WOLFGANG GOETHE

Weihnachtskinder

Der Winter ist den Kindern hold,
die Jüngsten sind's gewohnt.
Ein Engel kommt, die Flüglein Gold,
Der guten Kindern lohnt.
Sie sind geschickt, sie sind bereit
Zu mancher Jahre Lauf;
Nun sind wir fromm auf Lebenszeit;
Der Himmel tat sich auf.
Sie kommen, bringen, groß wie mild,
Ein einzig Weihnachtsfest;
Auf Erden bleibet Ihr sein Bild,
Auch uns im Herzen fest.

Ich weiß, wir dürfen Dir uns nahn,
Uns gönnst Du jede Zeit,
Wie selig ist es zu empfahn,
Und Dank ist Seligkeit.
Bedürfnis macht die Kinder gleich.
Sie blickt und hilft geschwind.
Denn hoch und niedrig, arm und reich
Das alles ist Ihr Kind.

O. HENRY

Das Geschenk der Weisen

Ein Dollar und siebenundachtzig Cent. Das war alles. Und sechzig Cent davon bestanden aus Pennies. Pennies, die man jeweils einzeln oder paarweise dem Krämer und dem Gemüsehändler und dem Metzger abgehandelt hatte, bis einem die Wangen brannten wegen des unausgesprochenen Vorwurfs der Knausrigkeit, der bei einer derartigen Feilscherei unausbleiblich war. Dreimal zählte Della das Geld nach. Ein Dollar und siebenundachtzig Cent. Und am folgenden Tag war Weihnachten!

In dieser Lage blieb offensichtlich nichts anderes übrig, als sich auf die schäbige kleine Couch zu werfen und zu heulen. Das tat Della denn auch. Was zu der philosophischen Überlegung reizt, daß das Leben im Grunde aus Schluchzen, Seufzen und Lächeln besteht, wobei allerdings das Schluchzen überwiegt.

Während die Frau des Hauses allmählich vom ersten zum zweiten Stadium übergeht, wollen wir uns das Heim ein wenig anschauen. Eine möblierte Wohnung für acht Dollar die Woche. Sie spottet zwar nicht gerade jeder Beschreibung, aber sie unterscheidet sich auch gewiß nicht wesentlich von einer Bettlerbehausung.

Unten im Flur befand sich ein Briefkasten, in den nie ein Brief fiel, und eine elektrische Klingel, der kein sterblicher Finger einen Ton entlocken konnte. Dazu gehörte auch noch eine Visitenkarte, die den Namen ›Mr. James Dillingham Young‹ trug.

Dieses ›Dillingham‹ verdankte seine Entstehung einer

früheren Epoche des Wohlstandes, als sein Besitzer noch dreißig Dollar in der Woche verdiente. Doch jetzt, da sein Einkommen auf zwanzig Dollar die Woche zusammengeschrumpft war, wirkten die Buchstaben von ›Dillingham‹ etwas verschwommen, als ob sie ernsthaft daran dächten, sich zu einem bescheidenen und anspruchslosen ›D‹ zusammenzuziehen. Aber jedesmal, wenn Mr. James Dillingham Young heimkam und seine Wohnung oben erreichte, wurde er von Mrs. James Dillingham Young, die Ihnen bereits unter dem Namen Della bekannt ist, »Jim« gerufen und stürmisch umarmt. Soweit war also alles in Ordnung.

Della hörte auf zu weinen und bearbeitete ihre Wangen mit der Puderquaste. Sie stand am Fenster und sah bedrückt einer grauen Katze zu, die auf einem grauen Zaun des grauen Hinterhofes einherspazierte. Morgen war Weihnachten, und sie hatte nur einen Dollar siebenundachtzig, um damit für Jim ein Geschenk zu kaufen. Schon seit Monaten hatte sie jeden entbehrlichen Penny gespart, und das war das Ergebnis. Mit zwanzig Dollar in der Woche kann man keine großen Sprünge machen. Die Ausgaben waren größer gewesen, als sie vorausgesehen hatte. So ist es immer. Nur ein Dollar siebenundachtzig, um ein Geschenk für Jim zu kaufen. Für ihren Jim. Manche glückliche Stunde hatte sie damit zugebracht, sich etwas Schönes für ihn auszudenken. Etwas Schönes und Seltenes und Kostbares – etwas, was in etwa der Ehre würdig wäre, Jim als Besitzer zu haben.

Zwischen den Fenstern des Zimmers hing ein Pfeilerspiegel. Vielleicht haben Sie schon einmal einen solchen Pfeilerspiegel in einer Achtdollarwohnung gesehen. Eine sehr schlanke und sehr flinke Person kann, wenn sie ihr Spiegelbild in einer raschen Folge von Längsstreifen betrachtet, in ihm eine einigermaßen genaue Vorstellung ihrer Erscheinung gewinnen. Die schlanke Della verstand sich auf diese Kunst.

Plötzlich wirbelte sie vom Fenster weg und stand vor dem Spiegel. Ihre Augen leuchteten, aber ihr Gesicht hatte innerhalb von zwanzig Sekunden alle Farbe verloren. Schnell löste sie ihr Haar und ließ es in seiner ganzen Länge herabfallen.

Nun, das Ehepaar James Dillingham Young besaß zwei Dinge, auf die sie beide besonders stolz waren. Das eine war Jims goldene Uhr, die schon sein Vater und Großvater getragen hatten. Das andere war Dellas Haar. Hätte die Königin von Saba in der Wohnung auf der anderen Seite des Lichtschachtes gewohnt, dann hätte Della bestimmt einmal ihr Haar zum Trocknen aus dem Fenster gehängt, nur um die Juwelen und Geschenke Ihrer Majestät zu beschämen. Wenn König Salomon der Hausmeister gewesen wäre und alle seine Schätze im Keller aufgestapelt hätte, dann hätte Jim im Vorbeigehen jedesmal seine Uhr gezückt, nur um zu sehen, wie er sich vor Neid den Bart raufen würde.

So fiel jetzt also Dellas wunderschönes Haar an ihr herab, wallend und schimmernd wie ein brauner Wasserfall. Es reichte ihr bis unter das Knie und hüllte sie fast wie ein Gewand ein. Doch dann steckte sie es nervös und hastig wieder auf. Zwischendurch zögerte sie einen Augenblick und verharrte reglos, während ein paar Tränen auf den abgetretenen roten Teppich fielen.

Schnell zog sie ihre alte braune Jacke an und setzte ihren alten braunen Hut auf. Ihre Röcke wirbelten, und in ihren Augen war noch immer das glitzernde Leuchten, als sie zur Tür hinaus die Treppe hinab und auf die Straße huschte.

Sie blieb vor einem Schild stehen, das die Aufschrift trug: »Mme. Sofronie. Haare aller Art«. Della eilte eine Treppe hinauf und suchte sich zu sammeln, noch ganz außer Atem. Madame, groß, allzu bleich, kühl, sah kaum so aus, als könne sie Sofronie heißen.

»Würden Sie mein Haar kaufen?« fragte Della.

»Ich kaufe Haar«, antwortete Madame. »Nehmen Sie den Hut ab und lassen Sie mich einmal sehen.«

Herab wogte der braune Wasserfall.

»Zwanzig Dollar«, sagte Madame, wobei sie die Masse mit geübtem Griff anhob.

»Geben Sie mir schnell das Geld«, sagte Della.

Oh, die beiden nächsten Stunden schritten auf rosigen Schwingen einher. (Verzeihen Sie mir die schiefe Metapher.) Sie durchstöberte die Geschäfte nach einem Geschenk für Jim.

Sie fand es schließlich. Es war gewiß für Jim und niemand anders gemacht. In keinem anderen Laden gab es etwas Gleichwertiges, und sie hatte alle auf den Kopf gestellt. Es war eine schlicht und edel gestaltete Uhrkette aus Platin, deren eigentlicher Wert allein in dem kostbaren Material bestand und nicht in aufdringlichen Verzierungen – wie es bei allen wirklich guten Dingen sein sollte. Sie war sogar *seiner* Uhr würdig. Della hatte sie kaum entdeckt, als sie wußte, daß sie Jim gehören mußte. Sie paßte zu ihm. Ausgeglichenheit und Wert – diese Bezeichnungen trafen auf beide zu. Einundzwanzig Dollar nahm man ihr dafür ab, und sie eilte mit den siebenundachtzig Cent heim. Wenn Jim seine Uhr an dieser Kette trug, konnte er wirklich in jeder Gesellschaft seinem Drang nachgeben, nach der Zeit zu sehen. So herrlich die Uhr auch war, er schaute zuweilen nur verstohlen auf sie, weil sie an einem alten Lederriemen und nicht an einer Kette hing.

Als Della zu Hause ankam, wich ihr Freudenrausch ein wenig der nüchternen Überlegung. Sie holte ihre Brennschere hervor, zündete das Gas an und machte sich daran, die Verheerungen, die Großmut im Verein mit Liebe angerichtet hatte, zu beheben. Und das ist stets eine ungeheure Arbeit, liebe Freunde – eine Mammutarbeit.

Nach vierzig Minuten war ihr Kopf mit winzigen enganliegenden Löckchen bedeckt, mit denen sie einem schwänzenden Schuljungen erstaunlich ähnlich sah. Sie betrachtete lange, sorgfältig und kritisch ihr Bild im Spiegel.

»Wenn Jim mich nicht umbringt«, sagte sie zu sich selbst, »bevor er mich eines zweiten Blickes würdigt, sagt er bestimmt, daß ich wie ein Ballettmädchen von Coney Island aussehe. Aber was hätte ich machen sollen – oh, was hätte ich machen sollen mit einem Dollar und siebenundachtzig Cent?«

Um sieben Uhr war der Kaffee fertig, und die Pfanne stand hinten auf dem Herd, heiß und bereit, die Koteletts zu braten.

Jim verspätete sich nie. Della legte die Uhrkette in ihrer Hand zusammen und setzte sich auf die Tischkante in der Nähe der Tür, zu der er immer hereinkam. Dann hörte sie von weitem seine Schritte auf den Stufen der untersten Treppe, und sie wurde einen Augenblick lang blaß. Sie hatte die Angewohnheit, bei den unbedeutendsten alltäglichen Anlässen ein kleines Stoßgebet zu sprechen, und so flüsterte sie jetzt: »Bitte, lieber Gott, mach, daß er mich noch immer hübsch findet!«

Die Tür öffnete sich, Jim trat ein und schloß sie wieder. Er sah schmal und sehr ernst aus. Armer Kerl, er war erst zweiundzwanzig – und hatte schon die Last einer Familie zu tragen! Er brauchte einen neuen Mantel, und er hatte keine Handschuhe.

Jim blieb bei der Tür stehen, unbeweglich wie ein Setter, der eine Wachtel wittert. Seine Augen waren auf Della gerichtet, und in ihnen lag ein Ausdruck, den sie nicht deuten konnte und der sie erschreckte. Es war weder Zorn noch Erstaunen, weder Vorwurf noch Entsetzen oder sonst eine Gemütsbewegung, auf die sie gefaßt war. Er starrte sie nur an mit diesem sonderbaren Gesichtsausdruck.

Della glitt vom Tisch herunter und ging ihm entgegen.

»Jim, Liebling«, rief sie, »schau mich doch nicht so an! Ich habe mir mein Haar abschneiden lassen und es verkauft, weil ich es nicht ertragen hätte, zu Weihnachten kein Geschenk für dich zu haben. Es wächst wieder nach – du bist mir doch deswegen nicht böse, oder? Ich mußte es einfach tun. Mein Haar wächst furchtbar schnell. Sag ›Frohe Weihnachten‹, Jim, und laß uns glücklich sein! Du weißt nicht, was für ein schönes – was für ein herrliches, schönes Geschenk ich für dich habe.«

»Du hast dein Haar abgeschnitten?« fragte Jim mühsam, als habe er auch nach schwerster geistiger Anstrengung diese offensichtliche Tatsache noch nicht erfaßt.

»Abgeschnitten und verkauft«, sagte Della. »Hast du mich nicht trotzdem noch genauso lieb wie früher? Ich bin doch dieselbe auch ohne mein Haar.«

Jim sah sich suchend im Zimmer um.

»Du meinst, daß dein Haar verschwunden ist?« fragte er mit einem fast idiotischen Ausdruck.

»Du brauchst nicht danach zu suchen«, sagte Della. »Es ist verkauft, ich sage es doch – verkauft und verschwunden.

Heute ist Heiligabend, mein Junge. Sei lieb zu mir, ich habe es doch deinetwegen getan. Die Haare auf meinem Kopf waren vielleicht gezählt«, fuhr sie plötzlich mit ernsthafter Zärtlichkeit fort, »aber niemand kann meine Liebe zu dir ermessen. Soll ich jetzt die Koteletts aufsetzen, Jim?«

Auf einmal schien Jim aus seinem Trancezustand zu erwachen. Er umarmte seine Della. Wir aber wollen zehn Sekunden lang mit diskreter Aufmerksamkeit einen belanglosen Gegenstand in der entgegengesetzten Richtung betrachten. Acht Dollar in der Woche oder eine Million im Jahr – wo liegt da der Unterschied? Ein Mathematiker oder ein geistreicher Mann würde eine falsche Antwort geben. Die Weisen aus dem Morgenland brachten kostbare Gaben mit, aber die eine war nicht darunter. Diese rätselhafte Behauptung wird sich später aufklären.

Jim zog ein Päckchen aus der Manteltasche und warf es auf den Tisch.

»Schätz mich nicht falsch ein, Dell«, sagte er. »Ich glaube nicht, daß es eine Frisur oder einen Haarschnitt oder ein Haarwaschmittel gibt, weswegen ich mein Mädchen weniger lieben sollte. Aber wenn du das Päckchen da aufmachst, wirst du verstehen, warum ich zuerst so entgeistert war.«

Weiße Finger rissen hastig an der Schnur und an dem Papier. Und dann ein entzückter Freudenschrei, und dann, ach, ein schneller, echt weiblicher Wechsel zu hysterischen Tränen und Klagen, die den sofortigen Einsatz aller tröstenden Kraft des Hausherrn verlangten.

Denn dort lagen *die Kämme* – die Kammgarnitur für die Seite und den Hinterkopf, die Della schon so lange in einem Schaufenster am Broadway bewundert hatte. Wunderbare Kämme, echt Schildpatt, an den Rändern mit Steinen besetzt – genau in der Farbe, die zu ihrem herrlichen verschwundenen Haar paßte. Es waren teure Kämme, das wußte sie, und ihr Herz hatte sie begehrt und ersehnt, ohne die geringste Hoffnung, sie jemals zu besitzen. Und nun gehörten sie ihr, aber die Zöpfe, die diese begehrenswerten Schmuckstücke hätten zieren sollen, waren verschwunden.

Aber sie drückte die Kämme an die Brust, und schließlich hatte sie sich so weit gefaßt, daß sie mit tränenverschleierten Augen und mit einem Lächeln aufblicken und sagen konnte: »Mein Haar wächst doch so schnell nach, Jim!«

Und dann sprang Della auf wie eine kleine Katze, die sich verbrüht hat, und rief: »Oh, oh!«

Jim hatte ja sein wunderschönes Geschenk noch nicht gesehen. Sie hielt es ihm eifrig auf der Handfläche entgegen. Das mattglänzende kostbare Metall leuchtete gleichsam auf im Widerschein ihrer heiter-erregten Seele.

»Ist sie nicht phantastisch, Jim? Ich habe die ganze Stadt danach abgesucht. Du mußt jetzt bestimmt hundertmal am Tag auf die Uhr schauen. Gib mir deine Uhr. Ich will sehen, wie sie sich daran ausnimmt.

Anstatt zu gehorchen, warf sich Jim auf die Couch, verschränkte die Hände unter dem Kopf und lächelte.

»Dell«, sagte er, »wir wollen unsere Weihnachtsgeschenke wegpacken und sie noch eine Weile aufheben. Sie sind zu schön, um jetzt schon gebraucht zu werden. Ich habe die Uhr verkauft, um das Geld für die Kämme zu bekommen. Und jetzt setzt du wohl am besten die Koteletts auf.«

Die Weisen aus dem Morgenland waren, wie Sie wissen, kluge Männer – ungemein kluge Männer –, die dem Kind in der Krippe ihre Geschenke brachten. Sie erfanden die Sitte der Weihnachtsgeschenke. Da sie so weise waren, müssen auch ihre Gaben weise gewesen sein, und sie haben wohl auch schon an die Umtauschmöglichkeit für doppelt vorhandene Geschenke gedacht. Und hier habe ich Ihnen nun recht und schlecht die wenig aufregende Geschichte zweier törichter Kinder in einer Mietwohnung erzählt, die höchst unweise die größten Schätze ihres Hauses füreinander geopfert haben. Aber im Hinblick auf die Weisen in unserer Zeit muß abschließend gesagt werden, daß von allen, die einander beschenken, diese beiden die weisesten waren. Von allen, die Geschenke machen und erhalten, sind Leute wie sie die weisesten. Überall sind sie die weisesten. Sie sind die wahren Weisen.

O du fröhliche

2. O du fröhliche, o du selige,
gnadenbringende Weihnachtszeit!
Christ ist erschienen,
uns zu versühnen:
Freue, freue dich, o Christenheit!

3. O du fröhliche, o du selige,
gnadenbringende Weihnachtszeit!
Himmlische Heere
jauchzen dir Ehre:
Freue, freue dich, o Christenheit!

SARAH KIRSCH

Zwischenlandung

Wenn es auf Weihnachten geht
kehren die Dichter
zu ihren tüchtigen Frauen zurück
Ach was sind sie das ganze Jahr
über die Erde gelaufen
was haben sie alles gehört was
nachgedacht, ihre Zeitung geschrieben
durch Fabriken gestiegen, den Kartoffeln
brachten sie menschliche Umgangsformen bei, sahn
dem Rauch nach der kriecht und steigt
sie haben alles geschluckt manchmal Manhattan-
Cocktails wegen des Namens, sie verschärften
den Klassenkampf meditierten
über das Abstrakte bei Fischen, bis eines Tags
durch ihre dünnen Mäntel die Kälte kommt
Sehnsucht
nach einem wirklichen Fisch in der Schüssel
sie jäh überfällt und Erinnrung
an die Frau die sich am Feuer gewärmt hat
da bleibt
der Zorn in den großen Städten zurück, sie kommen
mit seltsamen Hüten für ihre Kinder
spüln sogar Wäsche spielen Klavier, bis
sie es satt haben nach Neujahr, da
brechen sie Streit vom Zaun, gehen erleichtert
weg in den Handschuhn von unterm Weihnachtsbaum

AXEL HACKE

Wenn es weihnachtet

Jedes deiner Jahre beginnt mit umfassender Entspannung. Alles ist geschenkt. Niemand hat mehr was zu bekommen. Bis Weihnachten: ein Jahr! Und in diesem Jahr wirst du Weihnachtsgeschenke nicht kurz vorm Fest kaufen wie bisher, sondern übers Jahr verteilt erwerben. Hier was mitnehmen, da was auswählen, dort was bestellen. Sehr locker sein.

Dann vergehen Wochen, Monate. Weihnachten hast du im Griff, denkst du. Weihnachten ist weit. Nach den Sommerferien ruft Mutter an: Was du dir zu Weihnachten wünschst? Sie wolle allmählich … Plane gern … Fahre zur Kur vorher …

Da steigt ein Gefühl in dir hoch. Weihnachten! Schon will man wissen, was du dir wünschst. Daß Weihnachten nicht komme, wünschst du dir. Oder nicht so bald. Noch drei Monate! Anfang Oktober: die Kataloge, Philip Morris Design Shop. Manufactum. Heine, formschöne Saftpressen, unbesiegbare Radiowerke, Füllfederhalter, dick wie Maiskolben. Da wird man in der Not was kriegen. Das ist dein Netz. Das entspannt dich wieder.

Dann aber der Dezember. Komischerweise hast du da immer besonders viel Arbeit. Eines Abends fragst du deine Frau: was sie sich wünsche. (Vielleicht sagt sie ja was.) Im September hat sie mal gesagt, was sie sich wünsche, so en passant. Das hast du vergessen. Sie, jetzt schnippisch. Ob dir nichts einfalle? Natüüüüürlich, sagst du, wolltest nur wissen, ob zusätzlich zu dem, was du bereits habest, noch ein klitzekleiner Wunsch da sei … Nein, nichts. Sie freue sich auf die Überraschung. Ächz. Ein Fehler! Der Druck wird groß. Du spürst ihn, oh, wie du ihn spürst.

Du kaufst jetzt kleinere Dinge, Onkel, Tanten. Dann die schwierigeren, Schwiegereltern. Den Sohn, dafür sorgt deine Frau. Und deine Frau selbst? Noch drei Tage. Du hast nichts. Du mußt den Christbaum... Und den Wein ... Noch zwei Tage. Mal in die Schmuckgeschäfte! Letztes Jahr hast du ihr einen Ring geschenkt, vorletztes eine Kette. Diesmal: Armreif? Armreife sind schwierig. Die Schmuckidioten machen alles Mögliche, nur keine guten Armreife. Alles mächtig, fett, protzig. Nichts Feines, Zartes, das ihre Persönlichkeit, ihr Fühlen träfe. Noch einen Tag. Vor sechs Monaten hast du einen tollen Reif gesehen. Hast aber nicht an Weihnachten gedacht. Idiooooott! Jetzt gibt es nichts. Warum mußtest du dich auf Armreife festlegen? Bist nicht flexibel genug. Steckst nun in der Sackgasse.

In der Maximilianstraße hast du mal was Schönes für sie gekauft. Arschteuer. Schweißausbruchteuer. Egal jetzt. Noch zwei Stunden! Du kannst nicht ohne was kommen. Kannst ihr keinen Gutschein geben. Kannst nicht sagen, das Geschenk sei gestohlen worden. Kannst nicht sagen, auf der ganzen Welt gebe es keinen Gegenstand, schön genug für sie. Ob der Laden noch offen hat? Du schwitzt. Kann sein, daß heute Abend alles zu Ende ist. Daß deine Hände leer sein werden. Daß es dein letztes Weihnachten ist. Daß sie weint. Daß dein Sohn sie trösten muß.

Du stürzt ins Geschäft. Der Laden zur letzten Hoffnung. Geben Sie mir einen Armreif, Mann! Sie haben nur noch diesen einen? HER! Hier geht's um die Existenz. Du wirst sagen, daß er zu ihr paßt. Du weißt genau, daß er nicht zu ihr paßt. Du weißt, daß sie das auch sagen wird. Du wirst sagen, daß du es anders siehst. Wirst quatschen. Daß der klobige Reif ihre Zartheit betont. Die Eleganz ihres Handgelenks hervorhebt. Daß aus diesem Widerspruch Spannung erwächst. Daß du das schön findest.

Kann man umtauschen? Kann man. Wird man. Ich komme wieder. Erst mal schenken. Das ist jetzt das Wichtigste. Nächstes Jahr wirst du die Geschenke übers Jahr verteilt kaufen. Hier was mitnehmen, da was auswählen, dort was bestellen. Sehr locker sein. Nächstes Jahr.

INA BROCK

Dagobert, der Weihnachtsengel

Geschichten mit Weihnachtsengeln spielen meist im tiefverschneiten Wald oder in einem Stall mit Krippe und Kuh, über dem ein heller Stern leuchtet. Ich kenne auch welche, die in einer einsamen Hütte hoch droben im Gebirge spielen oder in Großmütterchens Stübchen am warmen Ofen, dessen Feuer gerade an diesem Abend so heimelig knistert. Seltener schon habe ich von Weihnachtsengeln an Tankstellen oder an Litfaßsäulen gehört. Und schon gar nicht von Weihnachtsengeln auf dem Küchenbalkon.

Und doch spielt meine Geschichte auf dem Küchenbalkon. Das macht sie nicht gerade weihnachtlich, ich weiß. Aber sie ist wahr, und das sollte doch nicht gar so wenig gelten.

»Erst nach Kälte und Wind weiß man eine warme Stube zu schätzen, und erst nach dem Dunkel der Nacht sieht man den Tannenbaum in seinem vollen Glanze strahlen«, sagte mein Vater immer.

Diesen feinen Sinn für weihnachtliche Poesie hat er sich lange erhalten. So bestand er darauf, daß wir Kinder jedes Jahr vor der Einbescherung auf dem Küchenbalkon warten mußten, bis die Eltern den Weihnachtstisch mit Glanzpapier und Tannengrün geschmückt und die Geschenke für uns liebevoll aufgebaut hatten.

Da standen wir also, mein Bruder Dagobert und ich, hinter der verschlossenen Küchentür und schauten in den stillen, verlassenen Hof unter uns, bis der liebliche Ton einer

Kindertrompete uns aus Dunkel und Nacht erlöste. Es war ein Erbstück meines Großvaters, mit dem mein Vater jedesmal und mit immer neuer Variante seine Lieben zum Gabentisch rief.

An jenem Weihnachtsabend, von dem ich erzählen will, war ein sternenklarer Himmel über uns. In manchem der gegenüberliegenden Fenster sah ich die ersten Weihnachtskerzen brennen.

»Da, eine Wunderkerze«, sagte ich leise und andächtig zu Dagobert. Er sah aber gar nicht auf, weil er damit beschäftigt war, einen Haken an einem Strick zu befestigen. Es wäre umsonst gewesen, ihn nach dem Sinn solcher Arbeit zu fragen, er hätte doch nicht geantwortet. Als ich im vergangenen Jahr den ganzen Schnee zusammenraffen sollte, den uns ein grauer Himmel auf den Balkon geschickt hatte, wußte ich ebenfalls nicht, wozu. Und bis heute ist mir unklar geblieben, wie Dagobert es fertiggebracht hat, das Küchenfenster vom Nachbar Zimonik bis obenhin mit Schnee zu verdunkeln. Es ist immerhin zwei Meter von unserem Balkon entfernt.

Leider war die gute Nachbarschaft mit Zimoniks, die unsere Familien seit Jahren miteinander verband, durch Dagoberts Schuld gestört worden. Wir brauchten also diesmal gar nicht erst zu warten, ob sich Zimoniks Otto und Ilse am Küchenfenster zeigen würden. »Dago«, sagte ich deshalb zu Dagobert, der immer wieder versuchte, seinen Strick über einen Nagel an Zimoniks Fenster zu werfen, an dem im Sommer Ottos Vogelbauer hing, »Dago, laß die Scherze. Du weißt, wie wir zu Zimoniks stehn.«

»Eben drum«, sagte Dagobert leise, »ich will dem lieben Otto ein Weihnachtspäckchen 'rüberschwenken, daß er vor Vergnügen auf den Küchentisch hopst.«

Mir kam die Sache gleich etwas komisch vor.

Vor ein paar Wochen nämlich hatte Dagobert damit begonnen, den Otto Zimonik mit dem Namen »Ziehharmonika« zu hänseln. Freunden gegenüber behauptete er, der Name Zimonik sei eine unzulässige Abkürzung. Das wäre noch hingegangen, zumal Otto diese alberne Provokation recht gelassen hinnahm. Aber eines Tages hatte Dagobert im Hof sehr laut gerufen: »Frau Ziehharmonika, der Eismann ist da.«

Drauf hatte Frau Zimonik ein beleidigtes Gesicht gemacht und seit dem Tage »nur noch das Nötigste« mit uns gesprochen, wie Mutter es ausdrückte. Schließlich war Otto auf die nicht weniger alberne Idee gekommen, unser Türschild mit einem Zettel zu überkleben, auf dem geschrieben stand: »Dagobert Bock. Bitte dreimal blöken!«

Und Dagobert, der Narr, hatte sich tatsächlich dazu hinreißen lassen, das Türschild von Zimoniks mit einem Pappschild auszuwechseln, worauf fein säuberlich zu lesen stand: »Zerrwanst. Bitte dreimal quietschen!«

Nun weiß jeder auch nur halbwegs heimatlich gebildete Mitteldeutsche, daß man in dieser Gegend aus der Ziehharmonika längst eine »Quetschkommode« und daraus wiederum einen »Zerrwanst« gemacht hat. Womit keineswegs etwas Böswilliges über die musikalische Qualität dieses Instruments gesagt wird. Aber Herr Zimonik war in Österreich geboren. Und so vermutete er, wie ich heute weiß, daß Dagobert mit dem »Zerrwanst« eine billige Anspielung auf seinen leicht schaukelnden Bauch gemacht habe.

Jedenfalls war es zu einer erregten Auseinandersetzung der beiden Väter gekommen, bei der Herr Zimonik nicht gerade freundlich bemerkt hatte: »In meiner Jugendzeit, bittschön, gab's dafür ein paar ordentliche Watschen!«

Der Streit über richtige Kindererziehung hatte damit geendet, daß Dagobert noch am selben Tage einige Backpfeifen vom Vater erhielt. Leider war dies in der Küche bei geöffneter Balkontür geschehen. Und seit der Zeit blieb Dagobert das höhnische Lachen Otto Zimoniks im Ohr, mit dem er die »ordentlichen Watschen« am Küchenfenster quittiert hatte.

Aber mit der guten Nachbarschaft war es trotzdem vorbei gewesen. Der Hausfrieden blieb gestört; der regelmäßige Skatabend, zu dem sich Zimoniks oft bei uns eingefunden hatten, blieb seitdem aus. Das war auch für meinen Vater bitter genug.

»Nimm die Gießkanne weg«, sagte Dagobert leise zu mir. Er mußte noch näher mit den Füßen an die Balkonwand heran, um sein Schwungseil endlich über den Nagel werfen zu können. Ich nahm die Kanne und stellte sie in die andere Ecke, in die mein Bruder ein Weihnachtspäckchen für den Vater gestellt hatte.

»Was ist denn in dem Päckchen drin?« fragte ich.

»Nichts für kleine Mädchen«, antwortete er altklug, während er sein Seil erneut über den Nagel warf. Solche Redensarten hatte er wohl an einem der Skatabende von den Männern gehört, der Angeber. Während ich noch verächtlich lachte, war es ihm endlich gelungen, das Seil über den Nagel zu werfen, so daß das Ende mit dem Haken zu ihm zurückschwang. Er fing es geschickt auf. »Los, schnell«, flüsterte Dagobert aufgeregt, »nimm das Päckchen hinter der Gießkanne und häng es hier ein.«

Ich zog hinter der Gießkanne ein erstaunlich schweres Päckchen hervor, das ich eilig an dem Haken befestigte. »Wolltest du es nicht dem Vater schenken?« fragte ich leise.

»Quatsch, das andere«, sagte er wegwerfend und zog das Seil an, worauf das Päckchen, gut gezielt, auf dem Fensterbrett drüben landete. Erst jetzt bemerkte ich, daß in Dagoberts Ecke noch ein zweites, aber viel größeres Päckchen stand.

Dagobert zog das Seil ein. Bis heute hab' ich den Mechanismus noch nicht begriffen, mit dem er den Haken aus dem Bindfaden löste, ohne das Päckchen auf dem Fensterbrett zu gefährden. Es war auch keine Zeit mehr, Fragen zu stellen, denn Dagobert duckte sich auf den Balkonboden und rief laut:

»Otto!« Und noch einmal, diesmal mit meiner Hilfe: »Otto!« Erst als das Fenster geöffnet wurde und der Kopf von Herrn Zimonik erschien, dachten wir daran, daß er wie sein Sohn Otto gerufen wurde. Nach ein paar Sekunden wagte ich es, zwischen den Blumenkästen zu ihm hinüber zu sehen. Er hielt sehr verwundert das Päckchen in den Händen und sah abwechselnd nach unten und nach oben, woher wohl der Segen am Weihnachtsabend gekommen sei.

»Ist da wer, bittschön?« fragte er zaghaft zu uns herüber. Wir wagten nicht zu atmen, hatten aber Mühe, uns das Lachen zu verbeißen. Herr Zimonik nahm das Päckchen an sich, bekreuzigte sich schnell und schloß eilig das Fenster.

Wirklich, das geschah zur rechten Zeit. Denn schon im nächsten Augenblick erklang der liebliche Ton von Vaters Weihnachtstrompete. Eilig standen wir auf und klopften unsere Mäntel vom Mauerschmutz sauber. Ich gab Dagobert das Päckchen für Vater in die Hand, verwundert darüber, wie er von seinem geringen Taschengeld so große Geschenke kaufen konnte. Bei mir hatte es mit Mühe zu ein paar Taschentüchern für die Mutter gelangt, die ich mit einem bunten Rand umhäkelt hatte.

Dagoberts Gesicht war seltsam verstört, als er dem Vater das Päckchen gab. Als wir unter dem Tannenbaum standen und ein Lied anstimmten, ließ er zwischen den einzelnen Strophen mehrmals »blöde Gans« von sich hören und sah mich wütend an. Und später, als er die Armbanduhr in Händen hielt, die er sich schon mehrere Jahre gewünscht hatte, kamen ihm sogar die Tränen, und das ergriff mich sehr. Noch nie hatte ich Dagobert weinen sehen, und selbst Mutter, die mit Rührung meine umhäkelten Taschentücher betrachtet hatte und nun zu Dagobert aufsah, war von der tiefen Erregung ihres dreizehnjährigen Jungen betroffen.

»Aber freut dich die Uhr denn gar nicht?« fragte sie und lächelte unsicher.

Dagobert antwortete nicht, sondern sah mit einem schmerzlichen Blick auf den Vater, der die gewissenhafte Verknotung des Kartons endlich gelöst und das reichliche Packpapier entfernt hatte. Es kam aber ein kleinerer Karton zum Vorschein, der nicht weniger gut verschnürt und verpackt war.

In Dagoberts Gesicht arbeitete es heftig. Mutter nahm ihn liebevoll in den Arm und sah neugierig zu, wie Vater einen dritten Karton aus der Verpackung löste.

»Am Ende sind es ein paar Zigarren, die du so sorgfältig verpackt hast?« fragte Mutter arglos und drückte Dagobert an sich. Der wehrte sich gegen die Zärtlichkeit und sah erschrocken zu Vater, der bereits den vierten Karton auszuwickeln begann. Er blieb aber noch bei guter Laune, wenn ihm auch diese Art von Scherzpaketen am Weihnachtsabend nicht gerade glücklich erscheinen mochte. Mit großer Geduld schnürte und wickelte er weiter auf, und Mutter und ich lachten immer mehr, da wieder ein neuer Karton zum Vorschein kam.

Endlich hielt Vater ein Päckchen in seinen Händen, nicht größer als eine Zigarrenkiste, und entfernte die letzte Hülle. Dagobert ging aufgeregt zu ihm und versuchte, ihm das Päckchen wegzunehmen. Aber Vater hatte bereits die letzte Hülle entfernt. Was zum Vorschein kam, war die billige Imitation einer Ziehharmonika, wie sie auf Jahrmärkten für ein paar Groschen zu haben ist.

Erst jetzt ging mir, während ich auf den strahlenden Tannenbaum sah, ein Licht nach dem andern auf. Dagobert hatte das Paket für Otto Zimonik hinter die Gießkanne gestellt; als er aber sagte: »Nimm das Paket hinter der Gießkanne und häng es hier ein!« – hatte er nicht mehr daran gedacht, daß jetzt die Gießkanne in der anderen Ecke stand. Dort aber hatte das Päckchen für Vater gestanden.

Ich sah Dagobert an. Er war ständig dabei, sich zu erklären, kam aber nie über ein paar Worte wie: »Das ist ein Irrtum, glaub mir, denn ...« Oder: »Sieh mal, die Sache war ganz anders ...«

Vater lachte zwar, aber es klang nicht ganz echt. Er zerrte das Quetschkommödchen mehrmals auseinander, und es gab jedesmal einen jämmerlichen, piepsenden Ton von sich. Endlich konnte man auch lesen, was zwischen den zehn Rippen des Jammerkastens geschrieben stand: »Z-E-R-R-W-A-N-S-T«.

»Na«, sagte Vater gutmütig zu Dagobert, »an deine Albernheit brauchst du mich heute nicht gerade zu erinnern.« Dann legte er den Zerrwanst achtlos unter den Tannenbaum und setzte sich an den Tisch.

»Es war nämlich so«, begann Dagobert erneut mit heiserer Stimme, »sie ist nämlich gar nicht für dich. Ich meine ...«

»Für wen ist sie denn, wenn du sie mir geschenkt hast?« fragte Vater ein wenig kopflos.

»Für Otto Zimonik«, sagte Dagobert. Und da er nicht weitersprach, begann ich, die Verwechslung zu erklären. Leider wurde ich dadurch unterbrochen, daß es an der Wohnungstür klingelte. Vater ging gleich hinaus, um zu öffnen. Mutter strich nervös das Tischtuch glatt und sagte unmutig: »Wer kommt uns denn am Weihnachtsabend stören?«

Es war Herr Zimonik, der mit einer Schnapsflasche ins Zimmer trat und die Glückwunschkarte dazu wie eine Friedensfahne schwenkte.

»Da schau her«, sagte er strahlend zu Dagobert, »ein Mordsbub is dös, nicht wahr? Ein richtiger Weihnachtsengel!« Und fuhr ihm gutgelaunt durch das struppige Haar. »Aber schau, brauchst doch nicht zu weinen, Büberl.« Wirklich, Dagobert schluckte heftig beim Anblick der Schnapsflasche. Dann entzog er sich Herrn Zimonik, der ihm die Wange tätschelte, und ging zum Tannenbaum, um den Zerrwanst mit einer verächtlichen Geste unter den Tisch zu befördern.

»Einen Sliwowitz haben Sie da?« fragte Vater, um Herrn Zimonik abzulenken. »Wo haben Sie denn den herbekommen?«

»Sie werden es nicht glauben«, sagte der, und dabei streichelte er die Flasche und nahm sie wie eine Geliebte in den Arm, »ein Englein hat mir das Flascherl ins Küchenfenster geworfen. Nicht wahr, bittschön?« Dabei blinzelte er vielsagend zu Dagobert.

»Meine Lieblingsmarke«, sagte Vater anerkennend. Dagobert schrie laut auf; ob aus Wut oder Traurigkeit, war nicht ganz auszumachen in dem Augenblick.

»Was hat denn der Engel geschrieben?« fragte Mutter neugierig, die wohl gewisse Zusammenhänge zu ahnen begann. Herr Zimonik reichte ihr die Himmelspost herüber, während er immer wieder beteuerte: »Einen Prachtbuben haben Sie, wahrhaftig!« Ich sah bei Mutter unter dem Arm durch und las:

»Zur Tröstung für verlorene Skatabende mit dem lieben Nachbarn. Der Schnaps soll dir wohlbekommen. Laß dich von Zerrwänsten nicht mehr ärgern. Dagobert.«

»Na, bittschön«, sagte Herr Zimonik, »hat der Bub ein Gefühl für Gerechtigkeit oder net?« Dabei sah er, Zustimmung erwartend, von einem zum andern.

»Aber wie kannst du nur Herrn Zimonik duzen«, sagte Mutter scheinheilig und sah mit verzeihendem Lächeln auf Dagobert. Der hatte sein Gesicht an Vaters Schulter gedrückt und weinte haltlos.

»Ich hab' schon alles verstanden«, sagte Vater tröstend. »Das hast du gut gemacht, Dago.«

»Nicht wahr?« krähte Herr Zimonik, »so ein Herzensbub! Ich glaub', wir können ihm keinen größeren Gefallen nicht tun, als wenn wir unsere gute Freundschaft wieder erneuern. Der Kinder zulieb, nicht wahr?« Er reichte Mutter die Hand, danach klopften sich die Männer gegenseitig auf die Schulter.

»'s is doch Weihnacht, wo es heißt, ›Friede auf Erden und den Menschen ein Wohlgefallen‹, hab' ich recht?« sagte Herr Zimonik in seinem lieblichen österreichischen Dialekt.

»Dann laßt uns wenigstens im Hause Frieden halten«, sagte Vater, der das Wort vom Frieden etwas praktischer verstand. Dann gaben sich die Männer die Hand, und Dagobert und ich sahen dabei zur Seite, weil wir in solchen Augenblicken gar zu rot werden im Gesicht.

»Wenn's Ihn'n recht is, bittschön, kommen wir nachher für ein Stünderl 'rüber, gelt?«

Wir waren, bittschön, einverstanden. Und nicht nur Dagobert, sondern auch die Eltern und ich empfanden es als tröstlich, daß Herr Zimonik hinzufügte: »Das Flascherl lass' ich gleich herüben. Wir wollen die alte Skatfreundschaft neu begießen nachher. 's Gott!« Dann ging er.

Nachher, als wir mit Zimoniks Kindern auf dem Teppich hockten und Ottos neue Schieneneisenbahn ausprobierten, sah Dagobert noch manches Mal zur Sliwowitz-Flasche hinüber, aus der Herr Zimonik gerade wieder die Gläser füllte. »Zwanzig Piepen«, flüsterte Dagobert mir zu und machte dabei die Bewegung des Geldzählens.

»Für den Frieden muß man Opfer bringen können«, sagte ich mit Bedeutung.

Herr Zimonik hatte wohl meine Antwort gehört. Er drehte sich uns zu und fragte kopfschüttelnd: »Wie denn, macht ihr etwa auch schon Politik?«

»Na der hat, bittschön, vielleicht eine Ahnung«, flüsterte Dagobert mir zu und schlug Otto, der ihn verwundert ansah, etwas zu kräftig auf die Schulter.

RITA FEHLING

Das attraktive Seifenschälchen

War das mal wieder ein Stress dieses Jahr vor dem Fest! Essen vorbereitet für drei Tage, die Wohnung geputzt und dekoriert, Weihnachtskarten geschrieben und viele, viele Geschenke gekauft. Morgen ist Heiligabend und ich bin heilfroh, dass jetzt wirklich alles fertig ist. Jetzt können wir uns in Ruhe auf die Feiertage freuen. Was jetzt nicht besorgt ist, das fehlt dann eben.

Da fällt mir ein, dass ich meiner Nachbarin, Frau Neuhaus, versprochen habe, nochmal kurz auf eine Tasse Kaffee bei ihr vorbeizukommen. Kann man einen Tag vor Weihnachten jemanden besuchen, ohne ein Geschenk mitzubringen? Eigentlich nicht. Weihnachten ist doch das Fest des Schenkens. Aber was tun? Da kommt mir die rettende Idee, dass ich zu einem ähnlichen Anlass im letzten Jahr von der Mutter eines Freundes meines Sohnes ein attraktives Seifenschälchen bekommen habe. Es sah ein bisschen aus wie ein Werbegeschenk. Ich habe es nicht benutzt, genauer gesagt hatte ich es ausgepackt und irgendwo in der Schublade verstaut, in der die Dinge aufbewahrt werden, für die es keinen richtigen Platz gibt. Ja, denke ich, Seifenschälchen gehen immer. Ich krame das etwas verstaubte Teil aus der Schublade hervor, packe es noch nett ein und mache mich auf den Weg zu meiner Nachbarin. Sie hatte noch ein paar andere Frauen eingeladen.

Er war wirklich nett, unser kleiner vorweihnachtlicher Plausch bei Kaffee, Kuchen und Kerzenlicht. Bis auf die Kleinigkeit und Peinlichkeit, als die Nachbarin die mitgebrachten Geschenke auspackte. Frau Jäger, besagte Mutter des

Freundes meines Sohnes, war nämlich auch da, und ich wollte am liebsten im Boden versinken, wenn ich mir vorstellte, was passieren würde, wenn sie ihr Seifenschälchen wiedererkannte.

»Ach, wie entzückend, ein Kerzenständer!« Frau Neuhaus war begeistert. Der Kerzenständer war eine Gabe von Frau Martin von gegenüber. Frau Neuhaus strahlte Frau Martin an und bedankte sich. Die aber strahlte nicht zurück, sondern sah hochroten Kopfes die neben sich sitzende Frau Jäger an, die leise zischte: »Der kommt mir aber bekannt vor.« Vermutlich hatte Frau Jäger also im letzten Jahr den Kerzenständer Frau Martin geschenkt, die ihn in diesem Jahr an Frau Neuhaus weitergereicht hatte. So kann's gehen, dachte ich noch, als Frau Neuhaus mein Päckchen mit dem attraktiven Seifenschälchen auspackte. »Wunderschön«, rief sie und ich warf einen demütigen Blick auf Frau Jäger. Doch die schien sich, manchmal hat man eben Glück, nicht an das Seifenschälchen zu erinnern. Inzwischen packte meine Nachbarin das nächste Geschenk aus mit den Worten: »Ich bitte Sie, das wär' doch nicht nötig gewesen, Sie sollten mir doch nichts mitbringen.«

Nein, das hätten wir wohl nicht tun sollen, denn in dem Paket von Frau Becker steckte ein mit weihnachtlichen Motiven geschmückter Kaffeebecher, dessen Anblick Frau Neuhaus mit großer Wiedersehensfreude erfüllte.

Ich habe später alle Beteiligten getrennt voneinander befragt, konnte aber den Gang von Kerzenständer, Seifenschälchen und Kaffeebecher nicht ganz bis zum Jahr des käuflichen Erwerbs zurückverfolgen. Unbestätigten Gerüchten zufolge sollen alle Damen vor Jahren einmal an einer Kaffeefahrt teilgenommen haben.

JOHANN WOLFGANG GOETHE

Christgeschenk

Mein süßes Liebchen! Hier in Schachtelwänden
Gar mannigfalt geformte Süßigkeiten.
Die Früchte sind es heilger Weihnachtszeiten,
Gebackne nur, den Kindern auszuspenden!

Dir möcht ich dann mit süßem Redewenden
Poetisch Zuckerbrot zum Fest bereiten;
Allein was solls mit solchen Eitelkeiten?
Weg den Versuch, mit Schmeichelei zu blenden!

Doch gibt es noch ein Süßes, das vom Innern
Zum Innern spricht, genießbar in der Ferne,
Das kann nur bis zu dir hinüber wehen.

Und fühlst du dann ein freundliches Erinnern,
Als blinkten froh dir wohlbekannte Sterne,
Wirst du die kleinste Gabe nicht verschmähen.

RAINER MARIA RILKE

Das Christkind

»Gestorben« stand in gleichgültigen, brutalen, feuchtleuchtenden Lettern in dem dicken, grünen Krankenhausbuch. In derselben Zeile war zu lesen: II. Stock, Zimmer 12, Nummer 78. Horvát, Elisabeth, Försterstochter, 9 Jahre alt.

Der frühe Februarabend sah wie mit rotgeweinten Büßeraugen, müd und mürrisch, in das Zimmer 12. Die grau-weißen Wände der Krankenstube schienen in dem gleichfarbenen Dämmer zu zerfließen, und das schwarze Holzkreuz schwebte frei in der Luft. Die Eisenbetten waren in verschwommenen Umrissen sichtbar. Die dämmerige Atmosphäre lag wie ein Bann auf den Kindern, deren je zwei ein Lager teilten. Irgendwo in dunkler Ecke weinte eines trostlos und leise, ein anderes erzählte mit weicher, vorsichtiger Stimme, als ob es am Bett der kranken Mutter säße, und ein kleines Mädchen, dem Fenster zunächst, hockte aufrecht in den Kissen, die Arme um die aufgestemmten Kniee geschlungen. Sein Profil und die rundliche Schulter hoben sich scharf als Silhouette ab von dem blassgrauen Fenster. Und die karbolsatte Luft war so dicht, dass es schien, als prallten die schüchternen Laute des plaudernden Mädchens an ihr ab, und nur das versteckte Weinen aus der dunkeln Ecke bohrte sich mit spitzen Tönen in das Dämmer. So ist es im Wald an den Nebelnachmittagen des Frühherbstes: Die Stimmen aus Bach und Kraut versickern in dem Dunstmeer, und nur das Wimmern windgequälter Wipfel zittert durch den einsamen Tann.

Jetzt trat die wartende Schwester zärtlichen Schrittes in die Stube ein. Sie entzündete die Gasflamme, die, hinter grünem Zeug versteckt, an der Mittelwand des Zimmers angebracht war. – Das mondscheinfarbene Licht flutete weich wie eine an flachem Sande landende Welle durch den Raum und beleuchtete fast gleichmäßig die fünf Eisenbetten. Die Schwester aber schob den Vorhang ein wenig beiseite: Ungehemmt, mit rücksichtsloser Gewalt brach das grelle, rote Licht hervor. Eines von den mattschwarzen Wandtäfelchen war jetzt voll beschienen; es trug die Nummer 78. Das Bett darunter war zerwühlt und leer. Die Schwester trat hinzu, entfernte die Linnen und glättete die Matratzen.

Die Kinder waren alle verstummt. Sie folgten jeder Bewegung der Schwester mit geblendeten, lichtscheuen Blicken. Sogar die Kleine in der Ecke weinte nicht mehr. Sie saß aufrecht, den Kopf in beide Fäustchen gepresst, und unter der schneeweißen Stirnbinde glühten ihre Augen, groß, wie eine einzige dunkle Frage.

Die Wärterin warf ihr die Puppe, die sie im verlassenen Lager gefunden, in den Schoß. Das Kind zuckte nur leicht zusammen und rührte das Spielzeug nicht an. Als starrte es in eine grelle vernichtende Flamme, sprühte in seinen Fieberaugen ein unsteter, flackernder Widerschein auf. Und in unbestimmtem Bangen verkroch sich das Kind, das das Bett mit ihm teilte, unter die Decke.

Da wandte sich die Kleine beim Fenster, und ihre Stimme war wie ein Sonntagslied:

»Ist die Betty jetzt ein Engel?«

Die Schwester nickte und lächelte und breitete mit ihren weißen Händen die hellblaue Hülldecke über das leere Bett.

Der Tod ist ein Nummerwechsel. – Die kleine Elisabeth lag jetzt drunten in der Kammer, deren weiße Außenwände sie oft vom Fenster aus gesehen hatte. Sie war kleiner geworden und brauchte mit ihren abgefrorenen Füßchen wenig Raum in dem schlichten Holzbett, an dem schon die neue Nummer angeheftet war. Die Nummer der Grube da draußen. Die war schon bereit; aber sie gähnte nicht schwarz wie der Rachen eines Untiers. Die hereinbrechende Nacht begann ein schimmerweißes Schneelinnen hineinzuweben, so dass der Platz nett und verlockend aussah wie das Bettchen reicher Kinder. Und die kleine Betty in der stillen Kammer lag so ruhig und getrost da, als wüsste sie das. Die wachsweißen Händchen hielten, wie spielend, ein kleines Holzkreuz, das Haar sonnte wie ein Heiligenschein aus der Spitzenwolke des Sterbekissens, und um die dünnen, blassen Lippen blühte ein wehmütiges Lächeln; so schlingt sich ein Kranz Immortellen um ein vergilbtes Gebetbuchblatt.

Lächelte sie, weil sie schon die liebe Mutter gesehen hatte, die sie nun seit vier Jahren beim lieben Gott erwartete? War die kleine Seele schon auf jungen, schimmerweißen Falterflügeln durch die grauen Nebel, an lauter lächelnden Sternen vorbei, in die ewige Heimat geflogen? Flatterte sie schon über die weite Milchstraße, wo so viele fleißige Engel sitzen, die immer neue Sterne blasen, wie die Kinder auf Erden Seifenkugeln? War sie leicht gar schon nahe beim lieben Gott, der einen großen, silbernen Bart haben musste und eine große, leuchtende Krone?

Dorthin dürfen doch reine Seelen?

Und Narben gehen ja nicht durch bis auf die Seele, – nicht wahr?

Sie kriechen nur über das kleine tote Körperchen wie

rote, giftige Raupen. – Und wenn der liebe Gott befiehlt, dass die kleine Elisabeth mit diesem Körperchen angetan vor ihm erscheinen sollte, so werden die Wunden daran sicher schon heil sein, und man wird selbst im Himmel, wo es doch sehr hell ist, nicht einmal einen roten Strich mehr sehen.

Und das ist gut; denn der liebe Gott und die gute Mutter – sie sollen nicht wissen, dass die Stiefmutter die kleine Betty blutig geschlagen hat. Und, dass sie's nie erfahren, das betete wohl die Kleine mit den blassen, gefalteten Händchen und den stillen, toten Lippen in der dunklen Leichenkammer.

Seliger Weihnachtstag, da die Kleinen mit vor Ungeduld trippelnden Beinchen und leuchtenden Augen an der verschlossenen Türe lauschen, hinter der sich helle, duftende Wunder vorbereiten, mit wichtiger Miene der Mutter zusehen, die den Festtagsfisch schmort für das Abendessen, und, alte Lieder auf den frischen Lippen, zum Großmütterchen, das im hohen Ohrenstuhl am plaudernden Feuer träumt, hüpfen und ihm die sanften, faltigen Hände küssen. Und dann kommt wohl auch der Vater heim und bringt, Schneeperlen im Barte, ein tüchtig Stück Winter mit und erzählt vom Christkind, das ihm auf verwehten Wegen begegnet ist, und dass es Haare wie eitel Gold hat und die Hände voll bunter, prächtiger Dinge. – Und draußen heult der Sturm, und ein Schlitten klingt irgendwo, und alles ist so geheimnisvoll und so groß und so feierlich, dass man es nie mehr vergessen kann – ein ganzes Leben nicht.

Und die kleine Elisabeth hatte es auch nicht vergessen, dass es einmal so war, als Mutter noch lebte und die fremde

Frau mit dem roten Gesichte noch nicht mit am Tische aß. Und sie hockte fröstelnd am Herde, in dem ein wildes, ungastliches Feuer loderte.

Ihre Sehnsucht nach der Mutter war auf einmal gar groß. Und als die dicke Frau sie mit Schlägen aus der Küche trieb, da verkroch sie sich wie ein misshandelter Hund in den letzten Winkel unter dem Dache und weinte dort leise in sich hinein. Und es war, als löste sich alles Schwere, Dunkle in ihr in diesen lautlosen Tränen. Sie wusste endlich nur, dass es heute wieder Weihnachten war, und dass alle guten Kinder fröhlich sein müssen, weil das Christkind durch die Welt geht.

Der Vater fand sie dort, strich ihr mit zitternden Fingern durchs Haar und schenkte ihr ein paar Kreuzer – einen ganzen Reichtum für das Kind. Und Betty hüpfte empor und schlang mit lachenden, klaren Augen beide Arme fest um Vaters Hals.

Das war wie ein Abschied.

Zwei Stunden später trippelte die Kleine, Vaters Kreuzer in der rechten Faust, durch die Gassen des Städtchens. Der Weihnachtstag war weiß und windstill, und der körnige Schnee verbrämte, wie weißes Pelzwerk, die dünnen Schuhe des Kindes. Es lief waldwärts. Bei den letzten Häusern traf es eine kleine Gespielin. Die verstellte ihr den Weg und sagte in überlegenem Tone: »Glaubst du, das Christkind kommt auch zu dir?«

Betty schlug die großen, blauen Augen auf und antwortete mit inniger Überzeugung: »Das Christkind kommt zu allen braven Kindern.«

Und die Mittagsglocken klangen groß und ernst in den frostroten Weihnachtstag, als sagten sie ein ›Amen‹ dazu.

Beim letzten Krämer kaufte Elisabeth um ihre Kreuzer ein paar Kerzchen, eine bunte, lange Flitterkette, Zündhölzchen und ein riesiges Herz aus Lebkuchen. Mit diesen Schätzen beladen lief sie weiter in den Wald, wo ihr schon keine Menschen mehr begegneten, als die, die wegabseits dürres Reisig suchten; und die sahen vergrämt und erfroren aus und achteten nicht des Kindes.

Es gibt eine Stelle im Walde, wo der Abend, der sein Gold, ängstlich wie ein Geizhals, hinter den nächsten Berg trägt, zögernd verweilt, als könnte er sich kaum trennen von der schönen Erde. Dort stehen langstielige weiße Blüten, und die wiegen dann ihre Pracht im veratmenden Winde, wie Kinder, die dem scheidenden Vater ihre Tücher nachschwenken. So – sommers. Allein auch mitten im Winter, da der frühmüde Abend die roten Sohlen durch den schimmernden Schnee schleift, rastet er dort und küsst mit letzter Glut die alte, auf verwitterter Steinsäule wohnende Wegmadonna, die ihm in einsamer Wehmut nachlächelt.

Das war der kleinen Elisabeth liebster Platz. Dorthin war sie oft geflüchtet, brennende Schläge auf dem Rücken, und hatte der vergessenen Himmelskönigin ihr Leid erzählt wie einer Mutter. Und ihr war oft gewesen, als trüge das Steinbild die Züge des toten Mütterchens. Und nun hatte sie die Stelle noch viel lieber. Solang es Blumen gab, verging kein Tag, ohne dass das Kind den rostigen Nagel am Sockel mit frischem Schmuck verdeckte; und, traun, wenn jeder Altar im Lande nur einen solchen Beter fände, Gott müsste der Welt näher kommen!

Auch an diesem Weihnachtsabend ging die Kleine den gewohnten Weg und schleppte den Tand, den sie eingekauft hatte, mit sich. Ein stiller Plan machte ihre Augen glänzen und ihre Füßchen eilen. Sie warf der Steinmadonna einen neckisch-ehrfurchtsvollen Blick zu, der besagen sollte: Gelt, ich bin brav? Heut hast du mich nicht erwartet.

Dann ging sie ohne Zagen ans Werk.

Jenseits des Pfades, an dem die Betsäule stand, begann ein junges Tannengehölz. Das kleine Mädchen wählte einen der vordersten Bäume, dessen Spitze es mit ausgestrecktem Arm eben noch erreichen konnte, und spannte die bunte Papierkette um die waagrechten Zweige, auf denen schon fester Schnee wie glitzernder Demantschmuck prangte. Dann tropfte es die Kerzchen an den Ast-Enden fest, und zugleich mit dem ersten Stern der Heilsnacht gingen die Lichter an dem einsamen Weihnachtsbaum auf.

Das war nun wirklich eine große Pracht. Um die rotschwelenden Kerzchen herum schmolz der Schnee, und das glitzerte und blitzte, dass es eine Freude war. Klein-Elisabeth sagte zuerst ein frommes Sprüchlein vor der Muttergottes her und rief, auf das strahlende Bäumchen weisend: »Freut's dich?« Dann biss sie gar herzhaft in das Lebkuchenherz und stand mit vollen Backen so nah vor dem leuchtenden Tannenbaum, dass der Widerschein des Glanzes in ihren reinen Augen funkelte.

Der ganze, weite Wald schien das Christfest mitzufeiern. Die hohen, schwarzen Tannen standen weit im Umkreis wie ehrfurchtsvolle Beter und staunten das just noch so unbedeutende Bäumchen an, wie Menschen ein Wunderkind betrachten. Die fernen Sterne sogar schienen sich über der Stelle zusammenzudrängen, um ja nichts von dem Schauspiel zu verlieren und dem lieben Gott und den Engeln und der guten Mutter der kleinen Elisabeth erzählen zu können, was für ein braves Kind sie wäre.

Auf den dämmerigen Waldwegen aber kamen große schwarze Vögel in neugierigen Sprüngen näher. Die könnten auch Hunger haben, dachte das Kind; Betty verspürte keine Furcht, und so teilte sie das mächtige Kuchenherz mit den gierigen Gästen. Ihr ward so froh und so selig, dass sie hätte singen mögen, wenn sie nur ein recht schönes, würdiges Lied gewusst hätte.

Die Kerzen waren schon ziemlich tief gebrannt; da setzte sich die Kleine zu Füßen des Heiligenbildes hin mit glücklichen Augen und frostblauen Händchen. Aber vom Frieren fühlte sie nichts. Es war so wunderstill um sie, und wenn sie die Augen schloss, so sah sie sich auf dem Schoß der teuren Mutter sitzen in warmer, traulicher Stube. Die Uhr tickte in gemessenem, behäbigem Takte, und der Wind schraubte sich in den prasselnden Kamin. Die Mutter strich ihr leise und zärtlich über den Scheitel und küsste sie mit roten, weichen Lippen mitten auf die Stirn. Und sie war schön, die Mutter, schön, wie die Fee im Märchen von Andersen, und trug eine seltsame Krone im reichen, flutenden Haar.

Und sie anschauen – war gut …

So kam es, dass die kleine, arme Elisabeth ein schöneres Christfest hatte, als die reichen, satten Kinder in den schimmernden Stuben.

Sie war sehr glücklich. Und dieses Glück leuchtete auf dem kleinen Gesichte, wie sie so zu Füßen der Madonnensäule schlief. Die Händchen waren fest und treu gefaltet, und vom Steinbild floss ein schwarzer Schatten über das lächelnde Kind, als hätte die gnädige Himmelsfrau einen schützenden Schleier darüber gebreitet.

Das Bäumchen strahlte noch einmal hell auf in mählich

verlöschender Pracht, und es hub ein Schneien an, langsam und feierlich, als schwebten alle Sterne zur Erde nieder.

Zwei Waisenkinder gingen an diesem Weihnachtsabend spät aus der Stadt dorfwärts durch den Wald. Und sie erzählten dem Pfarrer im Dorfe atemlos, mit glänzenden Augen:

»Wir haben das Christkind gesehen – mitten im Wald. Es lag neben einem herrlich leuchtenden Bäumchen und ruhte aus. Und es war schön, das Christkind, – so schön ...«

GOTTFRIED KELLER

Weihnachtsmarkt

Welch lustiger Wald um das graue Schloß
Hat sich zusammen gefunden,
Ein grünes bewegliches Nadelgehölz,
Von keiner Wurzel gebunden!

Anstatt der warmen Sonne scheint
Das Rauschgold durch die Wipfel;
Hier backt man Kucken, dort brät man Wurst,
Das Räuchlein zieht um die Gipfel.

Es ist ein fröhlich Leben im Wald,
Das Volk erfüllet die Räume;
Die nie mit Tränen ein Reis gepflanzt,
Die fällen am frohsten die Bäume.

Der eine kauft ein bescheidnes Gewächs
Zu überreichen Geschenken,
Der andre einen gewaltigen Strauch,
Drei Nüsse daran zu henken.

Dort feilscht um ein verkrüppeltes Reis
Ein Weib mit scharfen Waffen:
Der dünne Silberling soll zugleich
Den Baum und die Früchte verschaffen!

Mit glühender Nase schleppt der Lakai
Die schwere Tanne von hinnen,
Das Zöfchen trägt ein Leiterchen nach,
Zu ersteigen die grünen Zinnen.

Und kommt die Nacht, so singt der Wald
Und wiegt sich im Gaslichtscheine;
Bang führt die arme Mutter ihr Kind
Vorüber dem Zauberhaine.

Einst sah ich einen Weihnachtsbaum:
Im düstern Bergesbanne
Stand eisbezuckert auf dem Granit
Die alte Wettertanne.

Und zwischen den Ästen waren schön
Die Sterne aufgegangen,
Am untersten Ast sah ich entsetzt
Die alte Schmidtin hangen.

Hell schien der Mond ihr ins Gesicht,
Das festlich still verkläret;
Weil sie auf der Welt sonst nichts besaß,
Hatte sie sich selbst bescheret.

Morgen kommt der Weihnachtsmann

2. Bring uns, lieber Weihnachtsmann,
bring auch morgen, bringe
eine schöne Eisenbahn,
Bauernhof mit Huhn und Hahn,
einen Pfefferkuchenmann, lauter schöne Dinge.

3. Doch du weißt ja unsern Wunsch,
kennst ja unsre Herzen.
Kinder, Vater und Mama,
auch sogar der Großpapa,
alle, alle sind wir da,
warten dein mit Schmerzen.

F. W. BERNSTEIN

Weihnachten in der Schule

Hört mal zu!
Auch Du!
Wenn das Jahr zu Ende geht
wird es abends früher spät
alle tragen feste Schuhe
Ruhe!
Weißer Schnee füllt bald die Straßen
Markt und alles ist verlassen
will
Karlchen, sei doch still!
Willig kommt der Weihnachtsmann
hat ein rotes Röckchen an
hell wird jedes Licht
Peter, red jetzt nicht!
Und ein großer Kerzenschein
wollt Ihr endlich ruhig sein!
Hüpfet über Stock und Stein –
Karlchen, Dich sperr ich jetzt ein!
Und zu unsern Lieben
kommt aus Heu und Stroh
Ruhe endlich! Wo
bin ich steh'n geblieben?

AUGUST HEINRICH HOFFMANN VON FALLERSLEBEN

Nußknacker

Nußknacker, du machst ein grimmig Gesicht –
Ich aber, ich fürchte vor dir mich nicht:
Ich weiß, du meinst es gut mit mir,
Drum bring ich meine Nüsse dir.
Ich weiß, du bist ein Meister im Knacken:
Du kannst mit deinen dicken Backen
Gar hübsch die harten Nüsse packen
Und weißt sie vortrefflich aufzuknacken.
Nußknacker, drum bitt ich dich, bitt ich dich,
Hast bessere Zähn als ich, Zähn als ich.
O knacke nur, knacke nur immerzu!
Ich will dir zu Ehren
Die Kerne verzehren.
O knacke nur, knack knack knack! immerzu!
Ei, welch ein braver Kerl bist du!

THEODOR STORM

Stoßseufzer

Am Weihnachtsonntag kam er zu mir,
In Jack und Schurzfell, und roch nach Bier
Und sprach zwei Stunden zu meiner Qual
Von Zinsen und von Kapital;
Ein Kerl, vor dem mich Gott bewahr!
Hat keinen Festtag im ganzen Jahr.

PAUL MAAR

Der doppelte Weihnachtsmann

Ich muß ungefähr sechs Jahre alt gewesen sein, als ich anfing, nicht mehr so recht an den Weihnachtsmann zu glauben.

»Gibt es den Weihnachtsmann eigentlich wirklich?« fragte ich Mama, als wir am Nachmittag gemütlich zusammensaßen und Weihnachtsschmuck bastelten.

»Du hast ihn doch oft gesehen«, sagte Mama. »Erinnerst du dich nicht an letztes Weihnachten, wie er hereinkam hier ins Zimmer, mit seinem langen Mantel und seinem weißen Bart? Wir haben doch zusammen Weihnachtslieder gesungen.«

»Jaja«, sagte ich. »Aber wieviel Weihnachtsmänner gibt es eigentlich?«

»Wie viele? Natürlich nur einen. *Den* Weihnachtsmann!« sagte sie.

»Und der kommt auch zum Klaus?« fragte ich weiter. Klaus war mein Freund. Er wohnte ein paar Häuser weiter.

»Ja, natürlich«, sagte Mama.

»Und zur Elke nach Paderborn auch?« Elke war vor zwei Monaten mit ihren Eltern nach Paderborn gezogen.

»Ja, zu Elke auch«, sagte Mama.

»Und zu den Kindern in München und in Hamburg?« fragte ich.

»Zu denen kommt er auch!«

»Wie kann er denn am gleichen Abend in München und in Hamburg und in Paderborn sein?« fragte ich.

»Wie er das kann, weiß ich auch nicht«, sagte Mama. »Er kann es halt. Dafür ist er eben der Weihnachtsmann. Als

Weihnachtsmann kann er vielleicht an zwei Orten gleichzeitig sein.«

Damit waren meine Zweifel aber noch lange nicht verschwunden. Ich hatte sogar einen bestimmten Verdacht.

»Wieso ist Papa eigentlich nie dabei, wenn der Weihnachtsmann kommt?« fragte ich.

Mama tat erstaunt. »Ist er denn nie dabei?« fragte sie.

»Nein«, antwortete ich. »Jedesmal sagt er am Weihnachtsabend, er müsse noch was erledigen, und dann geht er weg. Und gleich darauf kommt dann der Weihnachtsmann. Und wenn der Weihnachtsmann mit dir und mir Lieder gesungen hat und wieder weggegangen ist, kommt Papa zurück und fragt uns, wie es denn gewesen sei mit dem Weihnachtsmann!«

»So ein Zufall!« sagte Mama. »Ich werde Papa sagen, daß er diesmal dableiben soll, wenn der Weihnachtsmann kommt.«

Als Papa am Abend nach Hause gekommen war, hörte ich die beiden in der Küche halblaut miteinander reden. Ich ging leise zur offenen Küchentür, um zuzuhören.

»*Du* kannst es jedenfalls nicht mehr machen«, sagte Mama gerade zu Papa. »Er hat etwas gemerkt.«

»Aber wer denn dann?« fragte Papa.

»Vielleicht Robert?« sagte Mama. »Wir haben Robert doch sowieso zu Weihnachten eingeladen. Da kann er ja ...« In diesem Augenblick sah sie mich in der Tür stehen, brach mitten im Satz ab und sagte zu mir: »Du mußt jetzt mal in dein Zimmer gehen. Wir wollen gerade etwas Wichtiges besprechen. Etwas, das nur die Erwachsenen angeht.«

Damit schob sie mich in mein Zimmer, und ich konnte nicht erfahren, was die beiden wohl besprechen wollten. Drei Tage später war Weihnachtsabend. Wir saßen im Eßzimmer und warteten auf den Weihnachtsmann. Und auf Onkel Robert. Onkel Robert war der Bruder von Papa. Er wollte dieses Weihnachten mit uns feiern.

»Wo Robert nur bleibt?« sagte Papa und schaute auf die Uhr. »Er wollte doch schon längst dasein.«

»Es schneit. Vielleicht kommt er mit dem Auto nicht durch«, sagte Mama.

»Hoffentlich hast du nicht recht«, meinte Papa und schaute wieder auf die Uhr.

Wir warteten eine Viertelstunde, eine halbe Stunde, und ich fragte alle fünf Minuten, wann denn der Weihnachtsmann käme. Aber er kam nicht. Und Onkel Robert auch nicht.

Papa wurde immer ungeduldiger. Plötzlich sprang er auf, ging aus dem Zimmer und rief uns im Hinausgehen zu: »Ich muß noch 'ne Kleinigkeit erledigen. Es dauert nicht lange, ich bin gleich wieder da!«

Ich fand es sehr schade, daß Papa gerade jetzt weg mußte. Ich hatte Sorge, der Weihnachtsmann könnte vielleicht wieder gerade dann kommen, wenn Papa weg wäre. Und wirklich: Papa war kaum fünf Minuten aus dem Zimmer, da klopfte es an der Tür, und der Weihnachtsmann kam herein.

Es war wie jedes Jahr: Erst fragte er mich, ob ich auch immer schön brav gewesen wäre. Dann sangen wir zusammen »Stille Nacht«, und dann gingen alle hinüber ins Weihnachtszimmer.

Nach einer Weile sagte Mama: »So, lieber Weihnachtsmann, jetzt hast du dir einen ordentlichen Schluck verdient, jetzt darfst du in die Küche gehen und was trinken!« Und der Weihnachtsmann ging in die Küche.

Kaum war der Weihnachtsmann hinter der Küchentür

verschwunden, da hörten Mama und ich vom Flur her laute Schritte und Gepolter.

»Um Gottes willen!« rief Mama, irgendwie erschrocken. »Nein, Robert ...«

Da ging die Tür auf. Aber es war nicht Robert, der hereinkam, sondern der Weihnachtsmann. Weiß der Himmel, wie er es geschafft hatte, von der Küche aus in den Flur zu kommen! Vielleicht war er aus dem Küchenfenster gestiegen und zum Flurfenster wieder herein. Er kam direkt auf mich zu. Ich war so damit beschäftigt, meine Geschenke auszupacken, daß ich ihn gar nicht weiter beachtete. Schließlich hatten wir uns ja eben lange unterhalten und zusammen ein Lied gesungen!

»Na, willst du denn gar nicht aufstehen?« fragte der Weihnachtsmann mit tiefer Stimme und baute sich vor mir auf. Erstaunt stellte ich mich vor ihn hin.

»Nun, bist du denn auch immer brav gewesen?« fragte er und schaute mich streng an.

»Das hab ich dir gerade doch schon gesagt«, sagte ich erstaunt.

»Wann gerade?« fragte der Weihnachtsmann.

»Na eben«, sagte ich. »Bevor wir zusammen gesungen haben.«

»Wann sollen wir gesungen haben?« fragte der Weihnachtsmann ganz ratlos.

Ich wußte nicht, ob er wirklich so vergeßlich war oder ob er vielleicht einen Spaß machen wollte. Ich sagte mal überhaupt nichts.

»Was haben wir denn angeblich gesungen?« fragte der Weihnachtsmann weiter.

»Na, ›Stille Nacht, hei‹ ...« So weit war ich gerade gekommen, da schaute ich zufällig zur Küchentür hinüber. Und da sah ich etwas so Verwunderliches, daß ich aufhörte zu reden und mit offenem Mund staunte. Mama hatte doch recht gehabt! Der Weihnachtsmann konnte wirklich an mehreren Orten gleichzeitig sein. Denn der Weihnachtsmann stand nicht nur vor mir, mit seinem langen Mantel und seinem weißen Bart, er stand auch gleichzeitig in der Küchentür, hatte ein Glas Wein in der Hand und schaute verblüfft zu uns ins Zimmer.

Als der Weihnachtsmann sich sah (oder muß man sagen: Als die Weihnachtsmänner einander sahen?), machten beide kehrt, gingen hastig aus dem Zimmer und klappten die Tür hinter sich zu.

Nach einer Weile kam Papa zurück. Und mit ihm Onkel Robert, der inzwischen auch eingetroffen war.

»Stellt euch vor, ich habe den Weihnachtsmann doppelt gesehen!« erzählte ich ihnen gleich aufgeregt.

Aber sie gingen gar nicht darauf ein, sondern meinten nur, es sei höchste Zeit, daß wir nach all diesen Aufregungen mit dem Weihnachtsabendessen begännen.

Was sie allerdings mit »Aufregungen« meinten, ist mir nie ganz klargeworden. Denn schließlich waren Papa und Onkel Robert ja gar nicht dabeigewesen, als *ich* diese aufregende Weihnachtsmannverdopplung erlebte!

RUDOLF HÄGNI

Brief ans Christkind

Christkindlein, liebes, ich bitte dich sehr,
es dauert ja nun nicht lange mehr.
Bring mir doch wieder ein neues Kleid,
für meine Puppe, die Adelheid.
Das alte ist schon ganz abgeschossen,
und einmal ist Sirup darüber geflossen.
Da hat es einen Flecken gegeben.
Die rote Farbe blieb daran kleben.
Wir haben sie nicht mehr auswaschen können.
Nun will ich noch etwas anderes nennen.
Ich wage es dir zwar fast nicht zu schreiben.
Wenn es zuviel ist, lass es nur bleiben!
Eine Puppenküche wünscht ich mir noch.
Die alte Pfanne hat nämlich ein Loch.
Ich glaube der Rost hat sie angefressen.
Es ekelt einen, daraus zu essen.
Und zudem ist sie für mich jetzt zu klein.
Auch Schlittschuhe wären natürlich fein.
Schlittschuhfahren ist gar zu schön.
Ich möchte mit meinem Bruder gehn.
Aber die kannst du nächstes Jahr bringen,
weißt, ich möchte nicht alles erzwingen.
Doch wenn du mir lieber die Schlittschuhe schenkst,
ist's auch recht. Wenn du nur nicht denkst,

dass ich zu unbescheiden sei
mit meinen Wünschen, es sind ja schon drei.
Das möchte ich nicht, das täte mir leid.
Bring du nur einfach, soviel dich freut.
Dann wird es mir sicher auch Freude machen.
Du bringst ja keine unnützen Sachen.
Jetzt bin ich am Ende. Noch einen Gruß
vom Marteli Stocker im »roten Huus«.

J. P. RICHTER

Geschichte eines Pfefferkuchenmannes

Es war einmal ein Pfefferkuchenmann,
von Wuchs groß und mächtig,
und was seinen innern Wert betraf,
so sagte der Bäcker »prächtig«.

Auf dieses glänzende Zeugnis hin
erstand ihn der Onkel Heller
und stellte ihn seinem Patenkind,
dem Fritz, auf den Weihnachtsteller.

Doch kaum war mit dem Pfefferkuchenmann
der Fritz ins Gespräch gekommen,
da hatte er schon – aus Höflichkeit –
die Mütze ihm abgenommen.

Als schlafen ging der Pfefferkuchenmann,
da bog er sich krumm vor Schmerze:
an der linken Seite fehlte fast ganz
sein stolzes Rosinenherze!

Als Fritz tags drauf den Pfefferkuchenmann
besuchte, ganz früh und alleine,
da fehlten, o Schreck, dem armen Kerl
ein Arm und schon beide Beine!

Und wo einst saß am Pfefferkuchenmann
die mächt'ge Habichtsnase,
da war ein Loch! Und er weinte still
eine bräunliche Sirupblase.

Von nun an nahm der Pfefferkuchenmann
ein reißendes, schreckliches Ende:
Das letzte Stückchen kam schließlich durch Tausch
in Schwester Margretchens Hände.

Die kochte als sorgliche Hausfrau draus
für ihre hungrige Puppe
auf ihrem neuen Spiritusherd
eine kräftige, leckere Suppe.

Und das geschah dem Pfefferkuchenmann,
den einst so viele bewundert
in seiner Schönheit bei Bäcker Schmidt,
im Jahre neunzehnhundert.

EMILY UND FRITZ KÖGEL

Der Bratapfel

Kinder, kommt und ratet,
Was im Ofen bratet!
Hört, wies knallt und zischt!
Bald wird er aufgetischt
Der Zipfel, der Zapfel,
Der Kipfel, der Kapfel,
Der gelbrote Apfel.

Kinder, lauft schneller;
Holt einen Teller,
Holt eine Gabel!
Sperrt auf den Schnabel
Für den Zipfel, den Zapfel,
Den Kipfel, den Kapfel,
Den goldbraunen Apfel.
Sie pusten und prusten,
Sie gucken und schlucken,
Sie schnalzen und schmecken,
Sie lecken und schlecken
Den Zipfel, den Zapfel,
Den Kipfel, den Kapfel,
Den knusprigen Apfel.

Ihr Kinderlein kommet

2. O seht in der Krippe im nächtlichen Stall,
seht hier bei des Lichtleins hellglänzendem Strahl
in reinlichen Windeln das himmlische Kind
viel schöner und holder, als Engel es sind.

3. Da liegt es, das Kindlein, auf Heu und auf Stroh;
Maria und Joseph betrachten es froh.
Die redlichen Hirten knien betend davor;
hoch oben schwebt jubelnd der Engelein Chor.

4. O beugt wie die Hirten anbetend die Knie,
erhebet die Händlein und danket wie sie.
Stimmt freudig, ihr Kinder – wer sollt' sich nicht freun? –,
stimmt freudig zum Jubel der Engel mit ein!

CATARINA CARSTEN

Mummy – oder wie man schnell gesund wird

In einem Kinderkrankenhaus in Amerika. In New York. Einem Krankenhaus mit fünf Abteilungen, Operationssälen, Ärzten, Schwestern, Aufenthaltsräumen, einem Kiosk, wo man Cola, Kekse, Obst und Süßigkeiten kaufen kann. Das Krankenhaus steht an einer belebten Straße, aber es hat einen Innenhof und einen kleinen Park. Hier ist es fast still. Die Kinder, die schon aufstehen können, gehen hier spazieren. Wer operiert worden ist, übt im Hof wieder das Gehen.

An diesem Tag im Dezember ist der Park leer. Es schneit und stürmt. Die Wolken jagen tief über den Himmel. Unter den Ärzten des Krankenhauses ist ein großes Rätselraten. Ein junger Assistenzarzt, der seit zwei Jahren hier arbeitet, hat eine Studie geschrieben. Es war ihm aufgefallen, daß die Kinder der Abteilung drei viel kürzer im Krankenhaus blieben als andere. Das heißt: sie wurden erstaunlich schnell wieder gesund, obwohl ihre Krankheiten bei der Einlieferung genau so schwer waren wie die anderer Kinder.

Zuerst hatte der Assistenzarzt vermutet, er hätte sich geirrt, als er den Aufenthalt der kleinen Patienten berechnet hatte. Er war der Sache nachgegangen, hatte noch einmal alles sorgfältig überprüft – es stimmte: Die Kinder der Abteilung drei verließen das Krankenhaus durchschnittlich vier Tage früher, mitunter sogar fünf bis sechs Tage früher.

Was war los? Einen Grund mußte es ja haben. Der Chefarzt, Dr. Schwartz, machte den Vorschlag, die Schwestern auszutauschen. Alles blieb beim alten. Die Kinder der Abteilung drei wurden schneller gesund. Ärzte und Schwestern bemühten sich mit besonderem Eifer um die Kinder der anderen Abteilungen. Es änderte sich nichts.

Dr. Schwartz läßt das jetzt keine Ruhe mehr. Er muß der Sache auf den Grund gehen. Er nimmt sich vor, so lange als Detektiv in seinem eigenen Krankenhaus zu arbeiten, bis er herausgefunden hat, woran es liegt, daß hier offenbar ein Wunder geschieht.

Er überlegt, ob er nach einem festen Plan vorgehen soll, beschließt aber, es nicht zu tun und auf gut Glück anzufangen.

Er sieht auf die Uhr. Es ist Nachmittag, die Zeit, in der die Putzfrauen noch einmal die Gänge und Treppen reinigen, nachdem die letzten Besucher gegangen sind. Er sieht zum Fenster hinaus. Es schneit und schneit. Er verläßt sein Zimmer, fährt mit dem Lift in die Abteilung drei, geht langsam über den menschenleeren Gang.

Am Ende des Ganges sieht er in einer Abstellkammer eine dicke Gestalt in einem bunten Gewand, die einen Eimer abstellt und einen Putzlumpen darüberbreitet. Dr. Schwartz bleibt hinter einem hohen Gummibaum stehen und rührt sich nicht. Die Gestalt dreht ihm noch immer den Rücken zu, schließt die Tür zu dem Abstellraum. Sie macht die Tür zu einem Krankenzimmer auf und verschwindet. Der Arzt wartet eine Weile. Sie kommt nicht wieder. Was hat eine Putzfrau so lange in einem Krankenzimmer zu suchen? Der Arzt geht leise zu der Tür und öffnet sie. Jedes Krankenzimmer hat eine solche äußere Tür, die gepolstert ist und schalldämpfend wirkt. Die zweite Tür, die von dem kleinen Vorraum in das Krankenzimmer führt, ist aus Glas, so daß man das Zimmer sofort überblicken kann.

Der Arzt rührt sich nicht. Er kann sicher sein, daß man

ihn nicht sehen kann, denn er steht im Dunkel. Er aber sieht alles.

Es ist ein Dreibettzimmer. In einem Bett liegt Mary, die vor vier Tagen mit einer Vergiftung eingeliefert worden war. Noch am Morgen hatte sie völlig apathisch im Bett gelegen. Jetzt sitzt die dicke Frau auf ihrem Bett und hält sie in den Armen. Ihr schwarzes Gesicht glänzt vor Eifer und Güte. Die beiden anderen Kinder, Jane und Jenny, haben sich an das Fußende von Marys Bett gesetzt. Alle drei sehen die Frau an, reden durcheinander, lachen.

»Mummy«, rufen sie, »was spielst du heute mit uns?« Mummy wackelt mit dem Kopf, als müsse sie überlegen. Dann hebt sie zwei Zeigefinger ihrer dicken Hände, ohne Mary aus den Armen zu lassen. Die Kinder machen es nach. Mummy brabbelt etwas. Der Arzt kann es nicht verstehen. Sie streckt alle zehn Finger aus, versteckt die Zeigefinger wieder, bis plötzlich alle Finger verschwinden. Die Kinder lachen laut. Mummy zaubert Schattenbilder an die Wand: einen Hasen, der mit den Ohren wackelt, zwei Buben, die miteinander raufen. Die Kinder machen es nach. Während all der Zeit liegt Mary in Mummys Armen wie ein Vogel im Nest.

Der Arzt klopft an die Glastür und tritt ein. Mummy erschrickt keineswegs. Sie läßt Mary nicht aus den Armen, senkt nur ein wenig den Kopf mit dem fest geschlungenen Turban zur Begrüßung.

»Was machen Sie hier?« fragt der Arzt. Er fragt es freundlich. Mummy murmelt Unverständliches. Der Arzt starrt sie an. Sie ist sprachbehindert.

»Mummy spielt mit uns«, rufen die Kinder, »jeden Tag

nach der Arbeit. Sie geht auch in die anderen Zimmer. Wir haben sie lieb.«

Mummy strahlt.

»Und die Schwestern?« fragt der Arzt, »und eure Eltern und Geschwister?«

»Jaja«, sagt Jane, »sie sind alle sehr nett, aber sie haben wenig Zeit. Mummy hat immer Zeit.«

»Deck dich besser zu«, sagt der Arzt zu Jane, »vor ein paar Tagen hast du noch 40 Grad Fieber gehabt.«

Jane bleibt am Fußende von Marys Bett sitzen und zieht lachend die Decke hoch.

»Das ist vorbei«, sagt sie, »bald ist Weihnachten. Da bin ich wieder daheim.«

Der Arzt wendet sich an Mummy: »Wie lange sind Sie schon im Haus?«

Mummy hebt drei Finger der linken Hand. Drei Jahre. Das ist genau die Zeit, in der die Kinder der Abteilung drei so erstaunlich schnell gesund geworden sind.

Der Chefarzt versammelt alle Ärzte und Schwestern des Krankenhauses und berichtet, was er erlebt hat: eine sprachbehinderte, schwarze Putzfrau, die mit den Kindern spielt.

»Das ist unglaublich«, sagt ein Kollege.

»Das grenzt ans Wunderbare«, sagt die Oberschwester.

»Die ist uns über«, sagt der junge Assistenzarzt, der das alles ins Rollen gebracht hat. Mummy wird gefragt, ob sie nicht einmal in einer anderen Abteilung putzen würde. Sie ist gern dazu bereit. Nach ein paar Wochen ist es diese Abteilung, in der die Kinder schneller gesund werden.

Der Chefarzt macht seinen Erkundungsgang auch hier.

Wieder erlebt er, was er in ähnlicher Weise schon einmal

erlebt hat: Mummy auf dem Bett eines Buben sitzend, das Kind in den Armen, Unverständliches brabbelnd, umringt von drei anderen Buben, von denen keiner mehr krank zu sein scheint. Die Kinder drehen sich um. Sie sind mitten in einem Ratespiel. Der Arzt hat das Gefühl zu stören.

Er geht auf Zehenspitzen hinaus, wartet. Nach einer halben Stunde kommt Mummy. Sie sieht zufrieden aus. Sie erschrickt nicht, deutet nur wieder diese kleine Verbeugung mit dem Kopf an. Sie trägt einen leuchtend-roten Turban.

»Mummy, wie machen Sie das?« fragt der Arzt. Mummy lächelt und wiegt den Kopf. Der Arzt sieht in ihre Augen: uralte Kinderaugen.

»Wie machen Sie das?« fragt er noch einmal.

Mummy kauderwelscht. Sie strengt sich an. Sie wiederholt es, bis der Arzt versteht: »Ich liebe die Kinder.«

»Alle?« fragt der Arzt.

Mummy nickt freudig: »Alle.«

Als sie geht, sieht er ihr nach. Für ihr Gewicht geht sie erstaunlich leicht. Am Ende des Ganges beginnt sie sich langsam zu drehen. Die Musik dazu hört nur sie. Sie scheint zu schweben. Dazu breitet sie die Arme aus, als wolle sie die ganze Welt umarmen.

ANONYM

Kinderlied zu Weihnachten

Gott's Wunder, lieber Bu,
Geh, horch ein wenig zu,
Was ich dir will erzählen,
Was geschah in aller Fruh.

Da geh ich über ein Heid,
Wo man die Schäflein weidt,
Da kam ein kleiner Bu gerennt,
Ich hab ihn all mein Tag nicht kennt.

Gott's Wunder, lieber Bu,
Geh, horch ein wenig zu!

Den alten Zimmermann,
Den schaun wir alle an,
Der hat dem kleinen Kindelein
Viel Gutes angethan.

Er hat es so erkußt,
Es war ein wahre Lust,
Er schafft das Brod, ißt selber nicht,
Ist auch sein rechter Vater nicht.
Gott's Wunder, lieber Bu,
Geh, lausch ein wenig zu.

Hätt' ich nur dran gedenkt,
Dem Kind hätt ich was g'schenkt;
Zwei Aepfel hab ich bei mir g'habt,
Es hat mich freundlich angelacht.

Gott's Wunder, lieber Bu,
Geh, horch ein wenig zu.

JOSEPH VON EICHENDORFF

Weihnachten

Markt und Straßen stehn verlassen,
Still erleuchtet jedes Haus,
Sinnend geh ich durch die Gassen,
Alles sieht so festlich aus.

An den Fenstern haben Frauen
Buntes Spielzeug fromm geschmückt,
Tausend Kindlein stehn und schauen,
Sind so wunderstill beglückt.

Und ich wandre aus den Mauern
Bis hinaus ins freie Feld,
Hehres Glänzen, heilges Schauern!
Wie so weit und still die Welt!

Sterne hoch die Kreise schlingen,
Aus des Schnees Einsamkeit
Steigts wie wunderbares Singen –
O du gnadenreiche Zeit!

ANGELUS SILESIUS

Du must zum Kinde werden

Mensch wirstu nicht ein kind / so gehstu nimmer ein /
Wo GOttes Kinder seynd: die Thůr ist gar zu klein.

Der Kinder ists Himmelreich

Christ so du kanst ein Kind von gantzem Hertzen werden /
So ist das Himmelreich schon deine hier auf Erden.

Die Kindheit und GOttheit

Weil sich die GOttheit hat in Kindheit mir erzeigt /
Bin ich der Kindheit und der GOttheit gleich geneigt.

Kind und GOtt

Kind oder GOtt gilt gleich: hastu mich Kind genennt /
So hastu GOtt in mir / und mich in GOtt bekennt.

KARL HEINRICH WAGGERL

Worüber das Christkind lächeln mußte

Als Joseph mit Maria von Nazareth her unterwegs war, um in Bethlehem anzugeben, daß er von David abstamme, was die Obrigkeit so gut wie unsereins hätte wissen können, weil es ja längst geschrieben stand – um jene Zeit also kam der Engel Gabriel heimlich noch einmal vom Himmel herab, um im Stalle nach dem Rechten zu sehen. Es war ja sogar für einen Erzengel in seiner Erleuchtung schwer zu begreifen, warum es nun der allererbärmlichste Stall sein mußte, in dem der Herr zur Welt kommen sollte, und seine Wiege nichts weiter als eine Futterkrippe. Aber Gabriel wollte wenigstens noch den Winden gebieten, daß sie nicht gar zu grob durch die Ritzen pfiffen, und die Wolken am Himmel sollten nicht gleich wieder in Rührung zerfließen und das Kind mit ihren Tränen überschütten, und was das Licht in der Laterne betraf, so mußte man ihm noch einmal einschärfen, nur bescheiden zu leuchten und nicht etwa zu blenden und zu glänzen wie der Weihnachtsstern.

Der Erzengel stöberte auch alles kleine Getier aus dem Stall, die Ameisen und Spinnen und die Mäuse, es war nicht auszudenken, was geschehen konnte, wenn sich die Mutter Maria vielleicht vorzeitig über eine Maus entsetzte! Nur Esel und Ochs durften bleiben, der Esel, weil man ihn später ohnehin für die Flucht nach Ägypten zur Hand haben mußte, und der Ochs, weil er so riesengroß und so faul war, daß ihn alle Heerscharen des Himmels nicht hatten von der Stelle bringen können.

Zuletzt verteilte Gabriel noch eine Schar Engelchen im

Stall herum auf den Dachsparren, es waren solche von der kleinen Art, die fast nur aus Kopf und Flügeln bestehen. Sie sollten ja auch bloß stillsitzen und achthaben und sogleich Bescheid geben, wenn dem Kinde in seiner nackten Armut etwas Böses drohte. Noch ein Blick in die Runde, dann hob der Mächtige seine Schwingen und rauschte davon.

Gut so. Aber nicht ganz gut, denn es saß noch ein Floh auf dem Boden der Krippe in der Streu und schlief. Dieses winzige Scheusal war dem Engel Gabriel entgangen, wann hatte auch ein Erzengel je mit Flöhen zu tun!

Als nun das Wunder geschehen war, und das Kind lag leibhaftig auf dem Stroh, so voller Liebreiz und so rührend arm, da hielten es die Engel unterm Dach nicht mehr aus vor Entzücken, sie umschwirrten die Krippe wie ein Flug Tauben. Etliche fächelten dem Knaben balsamische Düfte zu, und die anderen zupften und zogen das Stroh zurecht, damit ihn ja keinHälmchen drücken oder zwicken mochte.

Bei diesem Geraschel erwachte aber der Floh in der Streu. Es wurde ihm gleich himmelangst, weil er dachte, es sei jemand hinter ihm her, wie gewöhnlich. Er fuhr in der Krippe herum und versuchte alle seine Künste und schließlich, in der äußersten Not, schlüpfte er dem Kinde ins Ohr.

»Vergib mir!« flüsterte der atemlose Floh, »aber ich kann nicht anders, sie bringen mich um, wenn sie mich erwischen. Ich verschwinde gleich wieder, göttliche Gnaden, laß mich nur sehen, wie!«

Er äugte also umher und hatte auch gleich seinen Plan. »Höre zu«, sagte er, »wenn ich alle Kraft zusammennehme, und wenn du still hältst, dann könnte ich vielleicht die Glatze des Heiligen Josef erreichen, und von dort weg kriege ich das Fensterkreuz und die Tür ...«

»Spring nur!« sagte das Jesuskind unhörbar, »ich halte stille!«

Und da sprang der Floh. Aber es ließ sich nicht vermeiden, daß er das Kind ein wenig kitzelte, als er sich zurechtrückte und die Beine unter den Bauch zog. In diesem Augenblick rüttelte die Mutter Gottes ihren Gemahl aus dem Schlaf. »Ach, sieh doch!« sagte Maria selig, »es lächelt schon!«

EDUARD MÖRIKE

An einen kritischen Freund

der unzufrieden war, da der Verfasser
neue Märchen schreiben wollte

Die Märchen sind halt Nürnberger War',
Wenn der Mond nachts in die Butiken scheint:
Drum nicht so strenge, lieber Freund,
Weihnachten ist nur einmal im Jahr.

CLEMENS BRENTANO

Engel, die Gott zugesehn

Engel, die Gott zugesehn
Sonn' und Mond und Sterne bauen,
Sprachen: Herr, es ist auch schön,
Mit dem Kind ins Nest zu schauen.

JAMES KRÜSS

Die Weihnachtsmaus

Die Weihnachtsmaus ist sonderbar
(Sogar für die Gelehrten),
Denn einmal nur im ganzen Jahr
Entdeckt man ihre Fährten.

Mit Fallen oder Rattengift
Kann man die Maus nicht fangen.
Sie ist, was diesen Punkt betrifft,
Noch nie ins Garn gegangen.

Das ganze Jahr macht diese Maus
Den Menschen keine Plage.
Doch plötzlich aus dem Loch heraus
Kriecht sie am Weihnachtstage.

Zum Beispiel war vom Festgebäck,
Das Mutter gut verborgen,
Mit einemmal das Beste weg
Am ersten Weihnachtsmorgen.

Da sagte jeder rundheraus:
Ich hab es nicht genommen!
Es war bestimmt die Weihnachtsmaus,
Die über Nacht gekommen!

Ein andres Mal verschwand sogar
Das Marzipan vom Peter,
Was seltsam und erstaunlich war,
Denn niemand fand es später.

Der Christian rief rundheraus:
Ich hab es nicht genommen!
Es war bestimmt die Weihnachtsmaus,
Die über Nacht gekommen!

Ein drittes Mal verschwand vom Baum,
An dem die Kugeln hingen,
Ein Weihnachtsmann aus Eierschaum
Nebst andren leckren Dingen.

Die Nelly sagte rundheraus:
Ich habe nichts genommen!
Es war bestimmt die Weihnachtsmaus,
Die über Nacht gekommen!

Und Ernst und Hans und der Papa,
Die riefen: Welche Plage!
Die böse Maus ist wieder da,
Und just am Feiertage!

Nur Mutter sprach kein Klagewort.
Sie sagte unumwunden:
Sind erst die Süßigkeiten fort,
Ist auch die Maus verschwunden!

Und wirklich wahr: Die Maus blieb weg,
Sobald der Baum geleert war,
Sobald das letzte Festgebäck
Gegessen und verzehrt war.

Sagt jemand nun, bei ihm zu Haus –
Bei Fränzchen oder Lieschen –
Da gäb es keine Weihnachtsmaus,
Dann zweifle ich ein bißchen!

Doch sag ich nichts, was jemand kränkt!
Das könnte euch so passen!
Was man von Weihnachtsmäusen denkt,
Bleibt jedem überlassen!

HANS BENDER

Die Herberge

Rechts vom Pult, zwei und zwei hintereinander, saßen die Buben, links die Mädchen der ersten Klasse. Ich saß in der letzten Bank neben Edwin, den ich beneidete, weil er eine Federbüchse aus Amerika hatte.

Der Ofen glühte. Die Schritte und Räder vor den Fenstern dämpfte frischgefallener Schnee. Es war vor Weihnachten. Lehrer Kuhn erzählte die Geschichte der Herbergssuche in Bethlehem. In der Bibel stand nur ein Satz darüber, aber was machte Lehrer Kuhn daraus!

Er setzte sich mit gekreuzten Beinen auf das Pult, nahm die Pfeife aus den Zähnen und begann: Ja, damals kamen Maria und Josef auch durch unser Dorf. Es war schon dunkel, als sie die Straße von Eichtersheim herzogen. Maria saß auf einem Esel, Josef ging voraus und suchte mit Stock und Laterne den Weg. Maria sagte: »Ich habe Hunger und bin sehr müde.« Josef sagte: »In der ersten Gastwirtschaft werden wir übernachten.«

Vor dem Gasthaus »Zum Adler« band Josef den Esel ans Treppengeländer, klopfte die Stiefel an der untersten Stufe ab und ging hinein. Babette – ihr kennt sie alle! – stand hinter der Theke und schwenkte die Gläser. Josef fragte: »Haben Sie ein Zimmer für zwei Personen? Nicht zu teuer?« Babette war an diesem Tag mit dem linken Fuß aufgestanden. Sie sagte kurz: »Wir haben eins, aber das ist schon belegt. Leider.«

Josef nahm den Esel am Halfter und zog ein paar Häuser weiter vor das Gasthaus »Zum Lamm«. Erschrocken blieb er unter der Türe stehen, denn an den Tischen saßen vornehme Herren mit weißen Kragen und weißen Manschetten. Das waren die Geometer, die das neue Bachbett vermessen sollten. Der Lammwirt sah Josef unter der Türe stehen und ging rasch zu ihm hin, weil er nicht wünschte, daß die Herren gestört würden.

»Nein, nein, mein Lieber, es geht nicht. Bei mir nicht. Aber frag doch in der ›Sonne‹ nach, die haben ein Extrazimmer für Handwerksburschen! Vielleicht kannst du da –.« Das mit dem Extrazimmer sagte er so laut, daß es die Geometer hören konnten.

Der Sonnenwirt und die Sonnenwirtin waren freundlich zu Josef. Sie sagten beide fast gleichzeitig: »Aber beim besten Willen, es geht nicht! – Das Handwerksburschenzimmer ist schon voll. Dann ist unser Ältester in Ferien da, er studiert in Freiburg Theologie, sonst hätten wir recht gern sein Zimmer zur Verfügung gestellt.«

»Danke«, sagte Josef. »Gute Nacht, gute Reise!« sagten der Sonnenwirt und die Sonnenwirtin.

Auch im nächsten Gasthaus, in der »Reichspost«, hatten Maria und Josef kein Glück. Die Lichter waren schon gelöscht, und als Josef mit dem Knotenstock gegen das Tor schlug, fuhr der Kopf des Wirtes oben aus dem Fenster. »Was ist los? Ist das eine Manier?«

»Haben Sie ein Zimmer für meine Frau und mich? Meine Frau ist krank!« rief Josef hinauf. »Schert euch fort!« schrie der Wirt. »Ich vermiete meine Zimmer nicht an Vagabunden!« Klirrend schlug das Fenster zu.

Josef war traurig. Maria nahm den Schal über den Kopf und sagte: »Vielleicht gibt es noch ein Gasthaus im Dorf.«

Lehrer Kuhn sah zu mir. Alle Buben und Mädchen drehten die Gesichter zu mir. Sie wußten nämlich, das letzte

Gasthaus, bevor das Dorf zu Ende war, war der Gasthof meiner Eltern, der »Badische Hof«.

Mir schoß das Blut in die Stirne, und ich wußte nicht, wohin ich blicken sollte. »Na, Hansel«, fragte Lehrer Kuhn, »was hättest du gemacht, wenn Josef bei euch um eine Herberge gebeten hätte?«

Ich stand auf und stotterte hervor: »Oh, Herr Lehrer, ... ich ... ich, ich hätte sie bestimmt aufgenommen.«

Die Wirkung der Erzählung war tief. Wir schworen den unfreundlichen Gastwirten, die Maria und Josef abgewiesen hatten, Rache. Die Fensterscheiben wollten wir einwerfen, dem Lammwirt, wenn er am Sonntag zum Hochamt ging, ein Knallfrosch am Rockschoß entzünden.

Zwei, drei Jahre waren seitdem vergangen. Heiligabend war zu feiern. Wir, meine Geschwister und ich, warteten in der Gaststube auf die Bescherung. Erst mußten die Gäste gehen, die lästigen, die nicht mal den Heiligen Abend zu Hause verbringen wollten. Am Stammtisch saßen sie und bestellten noch einen Wein, noch ein Bier, noch einen Schnaps.

Endlich wurde auch mein Vater ungeduldig und sagte: »Schluß! Feierabend! Geht jetzt. Wenigstens an diesem Abend wollen wir unter uns sein.«

Nacheinander zahlten sie und gingen.

Hinter dem letzten Gast wollte mein Vater den Riegel vorschieben, als auf der Straße ein Auto anhielt. Ein Mann und eine Frau kamen die Staffel herauf und redeten auf meinen Vater ein.

Eigentlich wollten sie noch bis Heilbronn fahren, sagte der Mann. Aber die Straße sei spiegelglatt, und seiner Frau gehe es nicht gut. Hoffentlich habe sie kein Fieber...

»Es ist Heiligabend«, sagte mein Vater. »Die Kinder warten auf die Bescherung.«

Vielleicht wären sie doch noch weitergefahren, aber mein Vater ließ sie eintreten und sagte: »Gut, es wird sich machen lassen. Heute sind alle Zimmer frei.«

Ich, der alles mitangehört hatte, war wütend. Neue Gäste machten Arbeit. Wahrscheinlich wollten sie auch noch essen. Das Zimmer mußte geheizt werden. Und wieder waren wir nicht allein.

Ich ging weg, hinauf in den zweiten Stock, in mein Zimmer. Ich drehte innen den Schlüssel um, warf mich aufs Bett und heulte leis und laut ins Kopfkissen, und noch lauter, als meine Mutter an die Tür klopfte und sagte, ich solle aufschließen und herunterkommen zur Bescherung. Ich gab keine Antwort.

Später hörte ich die Schritte meines Vaters draußen im Flur kommen. Als er an die Tür klopfte, stand ich rasch auf. Vor meinem Vater hatte ich Angst.

Er jedoch war ruhig. Er legte mir die Hand auf den Kopf, der noch vom Schluchzen gestoßen wurde, und fragte: »Du kennst doch die Geschichte von Bethlehem? Von Josef und Maria, als sie eine Herberge suchten und alle Gastwirte sie abwiesen?«

O ja, ich kannte die Geschichte und schämte mich, jetzt daran erinnert zu werden.

Als ich in die Gaststube kam, saß mein Bruder Hugo am Klavier und spielte »Stille Nacht, Heilige Nacht«. Die Kerzen am Baum brannten schon, und die Tannenzweige dufteten, wie immer.

Die Fremden saßen an einem Tische vor den Fenstern. Sie legten die Messer und Gabeln neben die Teller, sahen zu uns herüber und sangen mit.

Ein schöner Weihnachtsabend wurde es noch. Ich bekam einen Anker-Steinbaukasten, zum dritten und letzten Mal, den »Robinson Crusoe«, einen ärmellosen Sweater und eine Pelzmütze mit Ohrenklappen. Wertvoller war jedoch die Erkenntnis, die mir gleichfalls damals geschenkt wurde: Wie schwer es ist, das Gute, von dem man gehört hat, auch zu tun.

THEODOR STORM

Weihnachtslied

Vom Himmel in die tiefsten Klüfte
Ein milder Stern herniederlacht;
Vom Tannenwalde steigen Düfte
Und hauchen durch die Winterlüfte,
Und kerzenhelle wird die Nacht.

Mir ist das Herz so froh erschrocken,
Das ist die liebe Weihnachtszeit!
Ich höre fernher Kirchenglocken
Mich lieblich heimatlich verlocken
In märchenstille Herrlichkeit.

Ein frommer Zauber hält mich wieder,
Anbetend, staunend muß ich stehn;
Es sinkt auf meine Augenlider
Ein goldner Kindertraum hernieder,
Ich fühl's, ein Wunder ist geschehn.

HANS CHRISTIAN ANDERSEN

Der Tannenbaum

Draußen im Walde stand ein niedlicher Tannenbaum; er hatte einen guten Platz, die Sonne konnte zu ihm dringen, Luft war genug da, und rundumher wuchsen viele größere Kameraden, Tannen und Fichten. Aber der kleine Tannenbaum wollte nur immer wachsen und wachsen; er dachte nicht an den warmen Sonnenschein und die frische Luft, bekümmerte sich nicht um die Bauernkinder, die dort gingen und plauderten, wenn sie draußen im Walde umherschwärmten, um Erdbeeren und Himbeeren zu sammeln. Oftmals kamen sie mit einem ganzen Topfe voll oder hatten Erdbeeren auf Strohhalme gezogen. Dann setzten sie sich neben das Bäumchen und sagten: »Nein, wie niedlich klein ist der!« Das gefiel dem Baume durchaus nicht.

Im nächsten Jahre war er schon um einen langen Schuß größer, und das Jahr darauf war er wieder noch um einen länger; denn bei einem Tannenbaume kann man, sobald man zählt, wie oft er einen neuen Trieb angesetzt hat, genau die Jahre seines Wachstums berechnen.

»Oh, wäre ich doch ein so großer Baum wie die anderen!« seufzte das Bäumchen, »dann könnte ich meine Zweige weit ausbreiten und mit dem Gipfel in die weite Welt hinausschauen! Dann würden die Vögel ihre Nester zwischen meinen Zweigen bauen, und wenn es stürmte, könnte ich so vornehm nicken wie dort die anderen.« Weder der Sonnenschein noch die Vögel oder die roten Wolken, die morgens und abends über ihn hinsegelten, machten ihm Freude.

War es nun Winter und Schnee lag ringsherum blendend

weiß, dann kam oft ein Hase angesprungen und setzte gerade über das Bäumchen fort. Oh, das war empörend! Aber zwei Winter verstrichen, und im dritten war der Baum schon so hoch, daß der Hase um ihn herumlaufen mußte. Oh, wachsen, wachsen, groß und alt werden, das ist doch das einzig Schöne in der Welt! dachte der Baum.

Im Spätherbst erschienen regelmäßig Holzhauer und fällten einige der größten Bäume. Das geschah jedes Jahr und den jungen Tannenbaum, der nun schon tüchtig in die Höhe geschossen war, befiel Zittern und Beben dabei, denn mit Gepolter und Krachen stürzten sie zur Erde, die Zweige wurden ihnen abgehauen, sie sahen nun ganz nackt, lang und schmal aus, sie waren kaum noch wiederzuerkennen. Dann aber wurden sie auf Wagen gelegt, und Pferde zogen sie von dannen zum Walde hinaus.

Wohin sollten sie? Was stand ihnen bevor?

Als im Frühjahr die Schwalbe und der Storch kamen, fragte sie der Baum: »Wißt ihr nicht, wohin sie geführt wurden? Seid ihr ihnen nicht begegnet?«

Die Schwalbe wußte nichts, doch der Storch sah sehr nachdenklich aus, nickte mit dem Kopfe und sagte: »Ja, ich glaube fast; mir begegneten auf meiner Rückreise von Ägypten viele neue Schiffe. Auf denselben standen prächtige Mastbäume; ich darf wohl behaupten, daß sie es waren; sie verbreiteten Tannengeruch. Ich kann vielmals grüßen, sie überragen alles, sie überragen alles!«

»Oh, wäre ich doch auch groß genug, um über das Meer hinzufliegen! Wie ist es eigentlich, dieses Meer, und wem ähnelt es?«

»Ja, das ist etwas weitläufig zu erklären!« sagte der Storch und ging.

»Freue dich deiner Jugend!« sagten die Sonnenstrahlen, »freue dich deines Wachstums, des jungen Lebens, das dich erfüllt!«

Und der Wind küßte den Baum, und der Tau weinte Tränen über ihn, allein der Tannenbaum verstand es nicht.

In der Weihnachtszeit wurden ganz junge Bäume gefällt, Bäume, die nicht einmal so groß waren, noch in demselben Alter standen wie dieses Tannenbäumchen, das weder Ruh noch Rast hatte, sondern nur immer weiter wollte. Diese jungen Bäume, und es waren gerade die allerschönsten, behielten immer ihre Zweige, sie wurden auf Wagen gelegt, und Pferde zogen sie aus dem Walde.

»Wohin sollen sie?« fragte der Tannenbaum. »Sie sind nicht größer als ich, ja da war sogar einer, der noch weit kleiner war. Weshalb behielten sie alle ihre Zweige? Wo fahren sie hin?«

»Das wissen wir, das wissen wir!« zwitscherten die Sperlinge. »Unten in der Stadt haben wir zu den Fenstern hineingeschaut. Wir wissen, wohin sie fahren! Oh, sie gelangen zur größten Pracht und Herrlichkeit, die sich denken läßt. Wir haben zu den Fenstern hineingeschaut und gesehen, daß sie mitten in die warme Stube hineingepflanzt und mit den herrlichsten Sachen, mit vergoldeten Äpfeln, Honigkuchen, Spielzeug und vielen hundert Lichtern ausgeschmückt wurden!«

»Und dann?« fragte der Tannenbaum und bebte in allen Zweigen. »Und dann? Was geschieht dann?«

»Ja, mehr haben wir nicht gesehen, es war unvergleichlich!«

»Ob auch mir dieses Los zufallen wird, diesen strahlenden Weg zu gehen?« jubelte das Bäumchen. »Das ist noch besser, als über das Meer zu gehen. Wie mich die Sehnsucht verzehrt! Wäre es doch Weihnachten! Jetzt bin ich hoch und erwachsen wie die anderen, welche das letztemal fortgeführt wurden. Oh, wäre ich erst auf dem Wagen! Wäre ich erst in der warmen Stube mit all ihrer Pracht und Herrlichkeit! Und dann? Ja dann kommt noch etwas Besseres, noch Schöneres, weshalb würde man mich sonst so ausschmücken! Da muß noch etwas Größeres, noch etwas Herrlicheres kommen – –! Aber was? Oh, ich leide, mich verzehrt die Sehnsucht; ich weiß selber nicht, wie mir zumute ist!«

»Freue dich meiner!« sagten die Luft und der Sonnenschein; »freue dich deiner frischen Jugend draußen im Freien!«

Aber das Bäumchen freute sich gar nicht; es wuchs und wuchs, Winter und Sommer stand es grün; dunkelgrün stand es da! Die Leute, die es sahen, sagten: »Das ist ein hübscher Baum!«, und zur Weihnachtszeit wurde er zuerst von allen gefällt! Die Axt hieb tief durch das Mark; der Baum fiel mit einem Seufzer zu Boden. Er fühlte einen Schmerz, eine Ohnmacht, er vermochte an gar kein Glück zu denken. Er war betrübt, von der Heimat zu scheiden, von dem Flecke, auf dem er emporgeschossen war. Er wußte ja, daß er nie mehr die lieben, alten Kameraden, die kleinen Büsche und Blumen ringsumher, ja vielleicht nicht einmal die Vögel sehen würde. Die Abreise war durchaus mit keiner Behaglichkeit verbunden.

Der Baum kam erst wieder zu sich, als er im Hofe, mit den anderen Bäumen abgeladen, einen Mann sagen hörte: »Der ist prächtig! Wir brauchen keinen anderen!«

Nun kamen zwei Diener im vollen Staate und trugen den Tannenbaum in einen großen, prächtigen Saal. Ringsumher an den Wänden hingen Porträts, und neben dem großen Ofen standen chinesische Vasen mit Löwen auf den Deckeln. Da gab es Schaukelstühle, Sofas mit seidenen Überzügen, große Tische, bedeckt mit Bilderbüchern und Spielzeug für hundertmal hundert Taler – wenigstens behaupteten das die Kinder. Der Tannenbaum wurde in ein großes, mit Sand gefülltes Gefäß gestellt, doch konnte niemand bemerken, daß es ein Gefäß war, denn es wurde ringsherum mit grünem Zeug behängt und stand auf einem großen runden Teppiche. Oh, wie der Baum bebte! Was sollte doch nun geschehen? Sowohl die Diener als auch die Fräulein kamen und putzten ihn aus. Über die Zweige hängten sie kleine, aus buntem Papier ausgeschnittene Netze; jedes Netz war mit Zuckerwerk gefüllt. Vergoldete Äpfel und Walnüsse hingen wie festgewachsen herab, und über hundert rote, blaue und weiße Lichterchen wurden an den Zweigen befestigt. Puppen, die wie leibhaftige Menschen aussahen – der Baum hatte solche nie zuvor gesehen –, schwebten im Grünen, und ganz oben auf der Spitze strahlte ein Stern von Flittergold. Es war prächtig, ganz unvergleichlich prächtig!

»Heute abend«, sagten alle, »heute abend wird er strahlen!«

Oh! dachte der Baum, wäre es doch erst Abend! Würden doch nur die Lichter bald angezündet! Und was mag dann geschehen? Ob wohl die Bäume aus dem Walde kommen und mich anschauen? Ob die Sperlinge gegen die Fensterscheiben fliegen? Ob ich hier festwachsen und Winter und Sommer geschmückt dastehen werde?

Er wußte wirklich gut Bescheid! Aber er hatte aus lauter Sehnsucht förmlich Borkenweh, und Borkenweh ist für einen Baum ebenso schlimm wie Kopfweh für uns andere.

Nun wurden die Lichter angezündet. Welcher Glanz! Welche Pracht! Der Baum bebte in allen Zweigen dabei, so daß einige Nadeln an einem der Lichter Feuer fingen. Es sengte ordentlich.

»Gott bewahre uns!« schrien die Fräulein und löschten es schnell aus.

Nun durfte der Baum nicht einmal beben. Oh, das war ein Graus! Er war so besorgt, etwas von all seinem Staate zu verlieren; er war von all dem Glanze wie betäubt. – Und nun öffneten sich die beiden Flügeltüren, und eine Menge Kinder stürzten herein, als ob sie den ganzen Baum umrennen wollten. Die älteren Leute kamen bedächtig hinterher; die Kleinen standen ganz stumm, aber nur einen kurzen Augenblick, dann jubelten sie wieder so, daß es widerhallte. Sie tanzten um den Baum, und ein Geschenk nach dem anderen wurde abgepflückt.

Was haben sie nur vor? dachte der Baum. Was soll da geschehen? Die Lichter brannten bis auf die Zweige herunter, und darauf löschte man sie aus, und die Kinder erhielten Erlaubnis, den Baum zu plündern. Oh, die stürzten auf ihn los, daß es in allen Zweigen krachte. Wäre er nicht mit der Spitze und dem goldenen Stern an der Decke befestigt gewesen, so hätten sie ihn sicher umgeworfen.

Die Kinder tanzten nun mit ihrem prächtigen Spielzeuge umher. Niemand beachtete den Baum, mit Ausnahme der alten Kinderfrau, die aufmerksam zwischen die Zweige blickte, aber sie wollte nur nachsehen, ob nicht noch eine Feige oder ein Apfel vergessen war.

»Eine Geschichte, eine Geschichte!« riefen die Kinder und zerrten einen kleinen, dicken Mann nach dem Baume hin. Er setzte sich gerade unter denselben hin, »denn so«, meinte er,

»sind wir im Grünen, und der Baum kann sich besonders eine Lehre daraus ziehen, wenn er gut aufmerkt. Aber ich erzähle nur eine Geschichte. Wollt ihr die von Ivede-Avede hören oder die von Klumpe-Dumpe, der die Treppe hinabfiel und sich doch auf den Thron schwang und die Prinzessin erhielt?«

»Ivede-Avede!« schrien einige, »Klumpe-Dumpe!« schrien andere. Was war das für ein Rufen und Durcheinanderschreien! Nur der Tannenbaum schwieg still und dachte: Soll ich nicht mitraten, will ich auch nicht mittaten! Seine Rolle war vorüber, er hatte ja seine Schuldigkeit getan!

Der Mann erzählte von Klumpe-Dumpe, der die Treppe hinabfiel, und sich doch auf den Thron schwang und die Prinzessin erhielt. Und die Kinder klatschten in die Hände und riefen: »Erzähle, erzähle!« Sie wollten auch noch die Geschichte von Ivede-Avede hören, mußten sich aber mit Klumpe-Dumpe begnügen. Der Tannenbaum stand ganz still und gedankenvoll, nie hatten die Vögel draußen im Walde dergleichen erzählt. Klumpe-Dumpe fiel die Treppe hinab und bekam doch die Prinzessin! Ja, ja, so geht es in der Welt zu! dachte der Tannenbaum und hielt es für Wahrheit, weil der Erzähler ein so netter Mann war. Ja, ja, wer kann wissen, vielleicht falle ich auch die Treppe hinab und bekomme eine Prinzessin! Und er freute sich darauf, den nächsten Tag wieder mit Lichtern und Spielzeug, mit Gold und Früchten bekleidet zu werden.

Morgen werde ich nicht zittern! dachte er. Ich werde eine recht herzliche Freude über alle meine Herrlichkeit empfinden. Morgen werde ich wieder die Geschichte von Klumpe-Dumpe hören und vielleicht auch die von Ivede-Avede. Und der Baum stand die ganze Nacht still und gedankenvoll da.

Am folgenden Morgen traten die Diener und Mägde herein.

Nun beginnt der Staat von neuem! dachte der Baum, aber sie schleppten ihn zum Zimmer hinaus, die Treppe hinauf bis auf den Boden, und dort stellten sie ihn in einen dunklen Winkel, wohin kein Tageslicht fiel. Was hat denn das zu bedeuten? dachte der Baum. Was habe ich denn hier zu tun? Was mag ich denn hier hören sollen? Er lehnte sich gegen die Mauer und stand da und sann und sann. Und Zeit hatte er genug dazu, denn es verstrichen Tage und Nächte. Niemand kam herauf, und als endlich jemand kam, geschah es nur zu dem Zwecke, einige große Kasten in den Winkel zu stellen. Der Baum stand so versteckt, daß man hätte meinen können, er wäre rein in Vergessenheit geraten.

Nun ist draußen Winter! dachte der Baum. Die Erde ist hart und mit Schnee bedeckt, die Menschen können mich nicht pflanzen; deshalb soll ich wahrscheinlich bis zum Frühling hier im Schutze stehen! Wie fürsorglich das doch ist! Wie gut die Menschen doch sind! Wäre es hier nur nicht so dunkel und so erschrecklich einsam! Nicht einmal ein Häschen ist hier zu finden! Draußen im Walde war es doch lustig, wenn der Schnee lag und der Hase vorübersprang, ja selbst wenn er über mich hinwegsetzte; aber damals gefiel es mir freilich nicht. Hier oben ist es doch entsetzlich einsam!

»Piep, piep!« sagte plötzlich eine kleine Maus und schlüpfte hervor, und darauf kam noch eine kleine. Sie schnüffelten an dem Tannenbaume und schmiegten sich durch die Zweige desselben.

»Es herrscht eine furchtbare Kälte!« sagten die Mäuschen. »Sonst ist hier ein vortrefflicher Aufenthalt! Nicht wahr, du alter Tannenbaum?«

»Ich bin noch gar nicht alt!« versetzte der Tannenbaum, »es gibt viel ältere als ich bin!«

»Wo kommst du her?« fragten die Mäuse, »und was weißt du?« Sie waren gewaltig neugierig. »Erzähle uns doch von dem herrlichsten Plätzchen auf Erden! Bist du schon dort gewesen? Bist du schon in der Speisekammer gewesen, wo Käse auf den Brettern liegen und Schinken unter der Decke hängen, wo man auf Talglichtern tanzt, mager hineingeht und fett herauskommt?«

»Die kenne ich allerdings nicht«, sagte der Baum, »aber den Wald kenne ich, wo die Sonne scheint und die Vögel singen!« Darauf erzählte er ihnen alle Erlebnisse seiner Jugend, und die Mäuschen hatten dergleichen nie zuvor gehört, lauschten aufmerksam zu und sagten: »Wie viel du doch gesehen hast! Wie glücklich du gewesen bist!«

»Ich!« versetzte der Tannenbaum und dachte nun erst über seine eigene Erzählung nach. »Ja, im Grunde waren es recht lustige Zeiten!« Aber dann erzählte er vom Weihnachtsabend, wo er mit Kuchen und Lichtern aufgeputzt war.

»Oh!« sagten die Mäuschen, »wie glücklich du gewesen bist, du alter Tannenbaum!«

»Ich bin durchaus nicht alt!« erwiderte der Tannenbaum, »erst in diesem Winter bin ich ja aus dem Walde gekommen! Ich stehe in meinem allerbesten Alter, ich bin nur sehr gewachsen!«

»Wie schön du erzählst!« sagten die Mäuschen, und in der nächsten Nacht kamen sie mit vier anderen kleinen Mäusen wieder, die auch den Baum sollten erzählen hören, und je mehr er erzählte, desto lebhafter trat es ihm selbst vor die Augen, und er dachte: Es waren doch wirklich glückliche Zeiten! Aber sie können wiederkommen! sie können wiederkommen! Klumpe-Dumpe fiel die Treppe hinab und bekam doch die Prinzessin, vielleicht kann ich auch eine Prinzessin bekommen! Und dabei fiel dem Tannenbäumchen eine kleine Birke ein, die draußen im Walde wuchs und ihm wie eine leibhaftige schöne Prinzessin erschien.

»Wer ist Klumpe-Dumpe?« fragten die Mäuschen. Nun erzählte der Tannenbaum das ganze Märchen, dessen er sich Wort für Wort entsinnen konnte. Und die Mäuschen wären aus lauter Freude fast in die Spitze des Baumes gesprungen. In der folgenden Nacht versammelten sich noch weit mehr Mäuse, und am Sonntage kamen sogar zwei Ratten. Die behaupteten aber, die Geschichte sei nicht lustig, und das betrübte die Mäuschen, denn sie kam ihnen nun auch weniger schön vor.

»Können Sie nur die eine Geschichte erzählen?« fragten die Ratten.

»Nur die eine!« antwortete der Baum, »ich hörte sie an meinem glücklichsten Abend, aber damals dachte ich nicht daran, wie glücklich ich war!«

»Das ist eine höchst elende Geschichte! Wissen Sie keine von Speck und Talglichtern? Keine Speisekammergeschichten?«

»Nein!« sagte der Baum.

»Nun, dann danken wir dafür!« erwiderten die Ratten und kehrten zu den Ihrigen zurück.

Zuletzt blieben die Mäuschen auch fort, und da seufzte der Baum: »Es war doch ganz hübsch, als sie um mich saßen, die muntern Mäuschen und auf meine Erzählungen lauschten! Nun ist das gleichfalls vorbei. Aber meine Freude soll von neuem beginnen, wenn ich wieder hervorgeholt werde!«

Aber wann ereignete sich das? – Ja, es war eines Morgens, da kamen Leute herauf und kramten auf dem Boden umher. Die Kasten erhielten einen anderen Platz, und der Baum wurde hervorgezogen. Sie warfen ihn allerdings etwas unsanft auf den Fußboden, aber sofort schleppte ihn ein Hausknecht nach der Treppe hin, wo das Tageslicht schimmerte.

Nun beginnt das Leben wieder! dachte der Baum. Er fühlte die frische Luft, den ersten Sonnenstrahl – und nun war er draußen auf dem Hofe. Alles ging so schnell, daß der Baum völlig vergaß, sich selbst zu betrachten; zu viel Neues war ringsumher anzustaunen. Der Hof stieß an einen Garten, und alles stand darin in voller Blüte. Die Rosen hingen frisch und duftend über den kleinen Staketenzaun hinüber, die Lindenbäume blühten, und die Schwalben flogen umher und zwitscherten: »Quirre virevit, mein Mann ist gekommen!« Aber den Tannenbaum meinten sie damit nicht.

»Nun will ich leben!« jubelte dieser und breitete seine Zweige weit aus. Ach, sie waren alle vertrocknet und gelb, und zwischen Unkraut und Nesseln lag er in einem Winkel da. Der Goldpapierstern saß noch oben auf der Spitze und leuchtete im hellsten Sonnenscheine.

Auf dem Hofe selbst spielten ein paar von den lustigen Kindern, die am Weihnachtsabend um den Baum getanzt hatten und dabei so fröhlich gewesen waren. Eines der kleinsten lief hin und riß den Goldstern ab.

»Sieh, was da noch an dem alten häßlichen Tannenbaume sitzt!« rief er und trat auf die Zweige, daß sie unter seinen Stiefeln knackten.

Und der Baum betrachtete all die Blumenpracht und Frische im Garten, betrachtete dann sich selbst und wünschte, daß er in seinem finstern Winkel auf dem Boden geblieben wäre. Er gedachte seiner frischen Jugend im Walde, des lustigen Weihnachtsabends und der kleinen Mäuse, die so fröhlich der Geschichte von Klumpe-Dumpe zugelauscht hatten.

»Vorbei, vorbei!« seufzte der arme Baum. »Hätte ich mich doch gefreut, als ich es noch konnte! Vorbei, vorbei!«

Der Hausknecht kam und hieb den Baum in kleine Stücke, ein ganzes Bund lag da; hell loderte es auf unter dem großen Braukessel. Er seufzte tief, jeder Seufzer ertönte wie ein kleiner Schuß. Deshalb liefen die Kinder, die draußen spielten, herbei, setzten sich vor das Feuer, schauten hinein und riefen: »Piff, paff!« Aber bei jedem Knalle, der ein tiefer Seufzer war, gedachte der Baum eines Sommertages im Walde, einer Winternacht draußen, wenn die Sterne glänzten. Er gedachte des Weihnachtsabends und des Klumpe-Dumpe, des einzigen Märchens, das er gehört hatte und zu erzählen wußte – und dann war der Baum verbrannt.

Die Knaben spielten im Hofe, und der kleinste hatte auf der Brust den Goldstern, den der Baum an seinem glücklichsten Abend getragen hatte. Nun war dieser vorüber und mit diesem auch der Baum nebst seiner Geschichte. Vorbei, vorbei – und so geht es mit allen Geschichten.

KLAUS PETER SCHREINER

Der Weihnachtsbaum spricht

Von drauß vom Walde komm' ich nicht,
sonst wär' mein Nadelkleid mehr licht
und nicht von solcher grünen Wucht –
ich komm von drauß aus einer Zucht,
wo man uns Fichten routiniert
auf Weihnacht hin domestiziert,
damit wir dann im Lichterglanz,
bestückt mit buntem Firlefanz,
mit Engelshaaren zart verziert,
von Weihnachtsliedern malträtiert,
verloren in der Ecke stehn
und alles ruft: »Ach, ist der schön!«
Da hat man ja nun nichts dagegen,
man bleibt verschont vorm sauren Regen
und hat es trocken, wohlig warm,
die Leut' sind freundlich und voll Charme,
nur Eintracht herrscht und Harmonie
und Friede bis zur Idiotie –
die Menschen werden immer bräver,
das fürcht' ich mehr als Borkenkäfer.
Das geht so gut bis nach Neujahr,
dann kräuselt sich das Engelshaar,
und eines Tags wird man getadelt,
weil man schon vor Dreikönig nadelt.

Dann plötzlich wird man vorgerückt,
von rohen Händen abgeschmückt,
vors Haus gestellt, wo's frostig nieselt,
von Hunden wird man angebieselt,
mit ganz profanem Müll verwechselt
und von der Müllabfuhr zerhäckselt.
Drum wär ich lieber – wenn's denn sei –
im nächsten Leben ein Bonsai.

ASTRID BONNER

Spinat und Spiegelei

Zu den Aufgaben, die in den väterlichen Bereich fielen, gehörte der Erwerb des Weihnachtsbaumes. Stets machte sich Papa rechtzeitig auf die Suche und brachte erstaunliche Sachen nach Hause. Es war wohl auch seiner Gutmütigkeit zuzuschreiben, daß er mit Ladenhütern zurückkam; entweder waren sie zu klein oder krumm oder hatten vorne oder hinten nicht ganz zugewachsene Löcher. Jedenfalls wenn unser Baum kam, war die erste Weihnachtsüberraschung fällig.

Man konnte es Vater nicht übelnehmen, wir wußten ja, er tat es nicht vorsätzlich. Als er allerdings einmal eine traurige Fichte mit heimbrachte, die noch dazu in der Mitte zersägt und wieder zusammengebunden worden war, schickte ihn Mutter an den Ort des Erwerbs zurück. Der, den er dann besorgte, war wenigstens ganz, wenn auch dafür einen Fuß kleiner.

Ich sehe meine Mutter noch, mit weißer Schürze, die Hände resolut in die Seite gestemmt, in der Küche, in der sämtliche Vorbereitungen für die Großkampftage des Festes zusammenliefen. Sie war auch die Begründerin der Sitte, nach der der Speisezettel in den Vorweihnachtstagen besonders bescheiden zu halten war. Das Ergebnis dieses Schmalspurspeiseplans, will sagen, das eingesparte Geld, wurde einem guten Zweck zugeführt, über den die familiäre Tafelrunde sich zuvor verständigte. Waren Spinat und Spiegelei in diesen Tagen angesagt, folgte mit Sicherheit irgendwann die Frage:

Und für welchen guten Zweck wollen wir diesmal sparen …?

Unserem Jüngsten war es dann überlassen, den zu einem größeren Schein aufgerundeten Betrag in den weihnachtlichen Klingelbeutel zu werfen.

Wieder war es eine Woche vor Weihnachten. Mit bangen Blicken sahen wir Vater in den VW-Käfer steigen, auf dem Weg zur Endstation der Straßenbahnlinie 1, wo die Christbäume zum Verkauf bereitlagen. Wir erinnerten uns an die Bäume der vergangenen Jahre, und auch Mama konnte sich eines Schmunzelns nicht erwehren und meinte:

»Mal sehen, was uns dies Jahr ins Haus schneit!«

Schon knapp eine halbe Stunde später stand Vater strahlend vor der Tür, der Baum war bereits vom praktischen Transportnetz befreit, und er war, was wir alle noch nicht in unserem Wohnzimmer gesehen hatten: ein gerades, schmuckes, frisches Bäumchen. Nicht zu klein und nicht zu groß; unten breit genug gewachsen, oben mit einer schönen Spitze, die genau die Länge besaß, die unser Rauschgoldengel brauchte, um auf ihr wirkungsvoll tanzen zu können.

Wir waren, wie man so schön sagt, sprachlos.

Dann bemerkte meine älteste Schwester, mich mit dem Ellbogen anstoßend:

»Wirst sehen, *das* wird ein Fest, dem fehlt nichts.«

So ganz konnte ich es selbst nicht fassen, und immer wenn sich die Gelegenheit ergab, warf ich einen Blick auf das Bäumchen, das im Garten geduldig seiner Bestimmung harrte.

An Heiligabend, so kurz vor zehn Uhr morgens – vom

Dachboden hatten wir schon die Krippe und alle Schmuckutensilien ins Vorzimmer gebracht – war es endlich soweit. Papa ging in den Garten und holte mit raschen Schritten den Baum, der bereits in seiner Halterung saß, herein. Wir Kinder hielten schmuckbereit Kerzenhalter, die schönen alten Kugeln aus Nürnberg, Strohsterne und ähnliches in den Händen, und wir konnten es kaum erwarten, unsere Aufgabe aufs beste zu erledigen.

Das Bäumchen wurde auf einen kleinen Tisch gehoben, um es besser zur Wirkung zu bringen, und da merkten wir es alle. Mit ihm war ein durchdringender Geruch ins Zimmer gekommen, mehr noch: ein schneidender Gestank. Es bestand kein Zweifel, wir wußten sofort: es roch nach Kater, nach Nachbars Lumpi (denn so hundemäßig hieß der Übeltäter).

Wir versuchten alles, aber Lumpis Verewigung war nicht aus der Welt zu schaffen, nicht durch Lüften, Waschen, auch das WC-Tannenspray wurde eingesetzt, was die Sache aber nur noch schlimmer machte.

Uns Kindern saß der Kloß im Hals, die Eltern machten betretene Gesichter. Es half nichts.

»Ein neuer Baum muß her«, seufzte Mutter.

Papa schaute kritisch in sein Portemonnaie und zog noch einmal los.

Der neue Baum war gar nicht so schlecht wie befürchtet, ein wenig zerzaust vielleicht, wir älteren Kinder aber waren froh, daß nun die Vorbereitungen, die zur Bescherung führen würden (und das bedeutete: Geschenke! Geschenke!), endlich beginnen konnten. So ging der Aufputz des Baumes schnell von der Hand. Nur unser Jüngster wirkte eigentümlich bedrückt.

Schließlich fragte er zögernd:
»Gibt's jetzt heut' abend wieder nur Spinat ...?«

Das darauf losbrechende Gelächter war der Anfang eines wundervollen Weihnachtsfestes ...

ROBERT GERNHARDT

Rätsel

»Da ist ein Baum,
ist immer grün,
wächst nicht in der Savanne.
Wächst da, wo Deutschlands Blumen blühn,
und winters auf ihm Kerzen glühn –
wie heißt der Baum?«

»Marianne?«

O Tannenbaum

2. O Tannenbaum, o Tannenbaum,
du kannst mir sehr gefallen.
Wie oft hat nicht zur Weihnachtszeit
ein Baum von dir mich hocherfreut!
O Tannenbaum, o Tannenbaum,
du kannst mir sehr gefallen.

3. O Tannenbaum, o Tannenbaum,
dein Kleid kann mich was lehren:
Die Hoffnung und Beständigkeit
gibt Trost und Kraft zu jeder Zeit.
O Tannenbaum, o Tannenbaum,
dein Kleid kann mich was lehren.

KURT TUCHOLSKY

Groß-Stadt – Weihnachten

Nun senkt sich wieder auf die heim'schen Fluren
die Weihenacht! die Weihenacht!
Was die Mamas bepackt nach Hause fuhren,
wir kriegens jetzo freundlich dargebracht.

Der Asphalt glitscht. Kann Emil das gebrauchen?
Die Braut kramt schämig in dem Portemonnaie.
Sie schenkt ihm, teils zum Schmuck und teils zum Rauchen,
den Aschenbecher aus Emalch glasé.

Das Christkind kommt! Wir jungen Leute lauschen
auf einen stillen heiligen Grammophon.
Das Christkind kommt und ist bereit zu tauschen
den Schlips, die Puppe und das Lexikohn.

Und sitzt der wackre Bürger bei den Seinen,
voll Karpfen, still im Stuhl, um halber zehn,
dann ist er mit sich selbst zufrieden und im reinen:
»Ach ja, son Christfest is doch ooch janz scheen!«

Und frohgelaunt spricht er vom ›Weihnachtswetter‹,
mag es nun regnen oder mag es schnein.
Jovial und schmauchend liest er seine Morgenblätter,
die trächtig sind von süßen Plauderein.

So trifft denn nur auf eitel Glück hienieden
in dieser Residenz Christkindleins Flug?
Mein Gott, sie mimen eben Weihnachtsfrieden …
»Wir spielen alle. Wer es weiß, ist klug.«

KARL HENCKELL

Alter Berliner Weihnachtsmarkt

Laß die Glocke läuten vom Dome,
Keiner hört es im Menschenstrome.
Christmarkt, Waldteufel, Trompeten, juchhei!
Wenig Wolle und viel Geschrei.
Alles besehen, wenig erstehen,
Nur zum Pläsier mal darüber gehen,
Eine Baßgeige sich kaufen wollen,
Mit einer Knarre nach Hause sich trollen, –
Für einen Sechser Schmalzkuchen schmecken,
Mumpitz machen an allen Ecken –
Mag auch der Regen vom Himmel fließen,
Das muß der wahre Berliner genießen,
Schuster und Schneider, Jüngling und Mann,
Jeder, der es sich leisten kann.

FRANZISKA DOMSCHLÄGER

Die fast entfleuchte Weihnachtsgans

Nach einem Schwank aus dem Rheinland

Wem ist nicht schon einmal der Bissen von der Gabel gefallen, just vorm gierig aufgerissenen Maul, wem nicht das beste Bratenstück vor der Nase weggekauft worden! Dergestalt das Nachsehen haben ist bitter. Und so heißt's ganz recht: Wohl dem, der sich zu helfen weiß, bevor alles zu spät ist. Nicht ungern vielleicht hört man also von einer, die mit List und Tücke ihren saftigen Anteil zu guter Letzt noch zu retten wußte.

Crescenzia war sicher die dickste Haushälterin, die einem Pfarrer rheinauf und rheinab die Wäsche (und manchmal den Kopf) wusch. Aber sicher war sie auch die beste Köchin. Was freilich nicht allzu viele Amtskollegen des Pfarrers von Vettenich wußten, denn am liebsten pflegte er sein Mahl mit Crescenzia zu teilen. Und die wiederum wußte das Essen und den Pfarrherrn so zu schätzen, daß sie ungern auf das eine oder den andern verzichtet hätte. Höhepunkt im Kirchen- und Küchenjahr war unbestritten Crescenzias weihnachtlicher Gänsebraten, verzehrt beim gemeinsamen Mahl. Auch heuer war auf dem Markt wieder die schönste Gans ausgeguckt, lebend nach Haus und dann zu Tode gebracht, gerupft, gestopft und in den Ofen geschoben worden. Hier brutzelte sie nun bereits geraume Zeit und verströmte durchs ganze Haus ihren köstlichen Duft, der dem Pastor wohlig in die Nase stieg. Und pünktlich wie der Viertelstundenschlag vom Kirchturm erscholl des Pfarrers Stimme: »Crescenzia, wann ist's so weit?«

Goldgelb-knusprig war bereits die Gans, da klopfte es an die Tür. Potz sapperment, ein Gast, das konnte, durfte nicht sein! Nicht jetzt, so kurz vorm Essen. Die säulengleichen Beine unsrer guten Crescenzia zitterten heftig, als sie die Tür öffnete – und ins hungrig-ausgemergelte Gesicht des Pfarrers von Bessernich blickte, der als neu eingesetzter Seelsorger der Nachbargemeinde wohl auf einen nahrhaften Antrittsbesuch bei seinem Amtsbruder hoffte. Würde, ja mußte – so durchschoß es Crescenzia siedendheiß – der Herr Pfarrer die kostbare Gans mit dem Ankömmling teilen, wie es die Höflichkeit gebot? Bliebe sie also ausgeschlossen vom Mahl des Herrn? O heiliger Petrus, steh mir bei, jedes Opfer – bloß nicht die Gans! Und – dem Himmel sei Dank – Petrus hatte ein Einsehen, Crescenzia aber einen Einfall, wie er nur aus der höchsten Not geboren wird. Sie brachte ihr ohnehin schreckensbleiches Mondgesicht ans Ohr des Eintretenden und wisperte: »O Gott, Herr Pfarrer, der Herr Pfarrer … « Das Gesicht des Angesprochenen zeigte Unverständnis. »O Gott, Herr Pfarrer, der Herr Pfarrer, mein Pfarrer … er ist *verrückt* geworden! Kommt mal ein Gast zum Essen zu uns, wird ihm die Ehr erwiesen, das schon, er wird zu Tisch gebeten, das schon, doch dann … Nein, es ist zu schrecklich!« Die Augen des Bessernicher Pfarrers weiteten sich. »Hochwürden, nur soviel … das letzte Mal hab ich dem Herrn Pfarrer das Bratenmesser grad noch entreißen können, sonst hätte er – und zuvor, nein, es ist zu schrecklich, zuvor, mit der besten Miene der Welt, fragt er: ›Brust oder Keule?‹« Hier brach Crescenzia in Tränen aus – was ihr nicht schwerfiel, wenn sie an den womöglich ganslosen Weihnachtsabend dachte. »Und zuvor«, wimmerte also Crescenzia wogenden Busens, »zuvor, stets mit der besten Miene der Welt,

›Brust oder Keule?‹« Während einer kurzen Pause schien sie auf Rettung des Bessernicher Pfarrers zu sinnen. Und sprach: »Um unsres Herrn Jesus Christus willen, heißt's ›Brust oder Keule‹, dann nehmt Eure Beine in die Hand und lauft, was Ihr könnt!«

In diesem Moment kam der Hausherr die Treppe herab. Was blieb diesem anderes übrig, als den ›lieben Amtskollegen‹ zu begrüßen und ihn wohl oder übel zum gemeinsamen Gänseschmaus einzuladen. Tief verzweifelt deckte Crescenzia den Tisch. Das Verhängnis schien seinen Lauf zu nehmen. Denn der Vetternicher hatte sich auf seine Gastgeberpflichten besonnen, redete freundlich, so daß der Bessernicher zwar ängstlich alles im Auge behielt, aber doch bei der Suppe kräftig zulangte. Wie Abraham den Isaak seinem Herrn und Gott, so legte unsere Crescenzia den geistlichen Herren ihre geliebte Gans vor. Dann verließ sie das Zimmer – sie konnt's nicht mit ansehen –, blieb aber vor der Tür stehn und legte ihr vor Aufregung rot glühendes Ohr an die Tür.

In diesem Augenblick stand für Crescenzia mehr als ein Braten auf dem Spiel, es galt ihren Glauben an einen gerechten Gott! Von drinnen ertönte Gemurmel, dann wetzte der Gastgeber heftig das Tranchiermesser, es folgte nervöses Füßescharren. Nach einem Moment der Stille ließ sich die sonore Stimme des Hausherrn vernehmen, salbungsvoll die Worte sprechend: »Brust oder Keule?« Gleichsam als Echo kreischte Crescenzia unwillkürlich auf: »Brust oder Keule!« Im selben Moment fiel krachend ein Stuhl um, wurde die Tür aufgerissen. Der Bessernicher drückte sich in panischem Schrecken an Crescenzia vorbei, stürzte zur Haustür hinaus. Und schon sah man ihn als immer kleiner werdendes, armeruderndes Etwas den Feldweg entlangstürmen: ein schwarzes Ausrufezeichen im Schnee! Auf dem Schauplatz zurück blieben der völlig verdutzte Hausherr, die weniger verblüffte Crescenzia und eine Gans, die von beiden im besten Einverständnis und bei manchem Glas Wein genüßlich verzehrt wurde.

HEINZ ERHARDT

Die Weihnachtsgans

Tiefgefroren in der Truhe
liegt die Gans aus Dänemark.
Vorläufig läßt man in Ruhe
sie in ihrem weißen Sarg.

Ohne Bein, Kopf und Gekröse
ruht sie neben dem Spinat.
Ob sie wohl ein wenig böse
ist, daß man sie schlachten tat?

Oder ist es doch zu kalt ihr?
Man sieht's an der Gänsehaut ...
Nun, sie wird bestimmt nicht alt hier:
morgen wird sie aufgetaut.

Hm, welch Duft zieht aus dem Herde
durch die ganze Wohnung dann!
Macht, daß gut der Braten werde,
morgen kommt der Weihnachtsmann!

THORALF SCHIRMER

Tag der Gans

Wir fuhren nach diesem Heiligen Abend
auf eisglatten Straßen
durch schneeleeren Wald,
nach Lücken in der Erinnerung grabend,
Familien-Bruchstücke,
ein paar Jahre alt.

Wir luden vom Rücksitz Geschenke in Tüten, so hübsch
in so schlechtes Gewissen verpackt,
umarmten uns, ließen uns Küsse vergüten,
Großmutters Tranchiergabel
klopfte den Takt.

Dann saßen wir wieder und hoben Bestecke
der Mastgans entgegen,
dem Rehrücken auch.
Der Tisch hatte sieben Meißner Gedecke,
die Gans nur fünf Beine,
aber Äpfel im Bauch.

Wir sprachen vom Stress, mit sich füllenden Backen,
betrauerten
witzelnd ein weiteres Jahr
und ließen uns nochmal die Teller voll packen.
Im Weinglas schwamm Grünkohl,
der fettäugig war.
Wir lauschten den Liedern von kratzenden Platten,

der Enkel verzog sich
mit einer CD,
und als wir den Kaffee hinter uns hatten,
fiel draußen vorm Fenster
noch immer kein Schnee.

Dann kamen die Flaschen mit Whisky und Weinbrand,
der Enkel
durfte nur Eierlikör
und schüttete den auch noch über den Einband
der Bibel, wir lachten,
ein kleines Malheur.

Wer keinen Schnaps hatte, der drängte zum Gehen,
sonst würden
politische Reden geführt.
Das hatte die Großmutter kommen sehen
und Aufschnitt und Kuchen
in Päckchen geschnürt.

Wir fuhren nach diesem festlichen Tage
auf eisglatten Straßen
durch schneeleeres Land,
im Kopf eine immer noch offene Frage,
für die sich keine
Gelegenheit fand.

ALPHONSE DAUDET

Die drei stillen Messen

I

»Zwei getrüffelte Puten, Garrigou?«

»Ja, Hochwürden, zwei prächtige Puten, vollgestopft mit Trüffeln. Ich kann Euch was erzählen, denn ich war's ja, der geholfen hat, sie zu füllen. Man hätte gemeint, ihre Haut müsse platzen beim Braten, so prall war sie ...«

»Jesus-Maria! wo ich Trüffeln so gerne mag! ... Gib mir schnell mein Chorhemd, Garrigou ... Und außer den Puten, was hast du sonst noch in der Küche gesehen? ...«

»Oh, lauter gute Sachen ... Seit Mittag haben wir nichts anderes getan, als Fasanen gerupft, Wiedehopfe, Haselhühner, Auerhähne. Daß die Federn nur so überall herumflogen ... Dann hat man aus dem Teich Aale gebracht, goldene Karpfen, Forellen und ...«

»Wie dick, die Forellen, Garrigou?«

»So dick, Hochwürden ... über die Maßen! ...«

»O Gott, mir ist, ich sehe sie ... Hast du den Wein in die Meßkännchen gefüllt?«

»Ja, Hochwürden, ich habe den Wein in die Meßkännchen gefüllt ... Aber verflixt! der ist nichts gegen den, den Ihr nachher trinken werdet, wenn Ihr aus der Mitternachtsmesse kommt. Wenn Ihr das gesehen hättet im Speisesaal des Schlosses, all die flammenden Karaffen, mit Wein von jeglicher Farbe gefüllt ... Das Silbergeschirr, die ziselierten Tafelaufsätze, die Blumen, die Kandelaber! ... Ein solches Weihnachtsmahl wird es noch nie gegeben haben. Der Herr Marquis hat alle Edelleute aus der Nachbarschaft geladen. Ihr werdet mindestens vierzig bei Tisch sein, den Amtmann und den Notar nicht mitgezählt ... Ah, Ihr seid glücklich, Hochwürden, dabeizusein! ... Nur davon, daß ich an den schönen Puten geschnuppert habe, verfolgt mich der Duft der Trüffeln überall ... Mmh! ...«

»Komm, komm, mein Sohn, hüten wir uns vor der Sünde der Völlerei, vor allen Dingen in der Heiligen Nacht ... Schnell, geh und zünde die Kerzen an und läute den ersten Glockenschlag zur Messe, denn sieh, es ist schon bald Mitternacht, und wir wollen uns nur nicht verspäten ...«

Dies Gespräch fand statt in einer Weihnachtsnacht, im Jahre des Heils sechzehnhundertsoundsoviel, zwischen dem hochwürdigen Dom Balaguère, ehemals Prior der Barnabiten, jetzt besoldeter Schloßkaplan der Herren von Trinquelage, und seinem kleinen Meßdiener Garrigou, oder wenigstens dem, den er für seinen kleinen Meßdiener Garrigou hielt, denn Sie werden sehen, daß an jenem Abend der Teufel das runde Gesicht und die unbestimmten Züge des jungen Kirchendieners angenommen hatte, um den hochwürdigen Vater besser in Versuchung führen zu können und ihn eine furchtbare Sünde der Völlerei begehen zu lassen. Also, während der angebliche Garrigou (hm! hm!) aus vollen Kräften die Glocken der herrschaftlichen Kapelle erschallen ließ, legte Hochwürden in der kleinen Sakristei des Schlosses sein Meßgewand fertig an, und da sein Geist schon getrübt war von all den gastronomischen Beschreibungen, sagte er beim Ankleiden immerzu vor sich hin:

»Gebratene Puten ... goldene Karpfen ... so dicke Forellen! ...«

Draußen blies der Nachtwind, und wie er die Musik der

Glocken hierhin und dorthin wehte, so erschienen im Dunkeln Lichter an den Hängen des Mont Ventoux, auf dem sich hoch oben die alten Türme von Trinquelage erhoben. Es waren die Familien der Pächter, die kamen, um im Schloß die Mitternachtsmesse zu hören. Sie stiegen singend in Gruppen zu fünfen oder sechsen den Abhang hinauf, der Vater voran, mit der Laterne in der Hand, die Frauen in ihre großen braunen Umhänge gehüllt, unter die sich die Kinder drängten, um Schutz zu suchen. Trotz der nächtlichen Stunde und der Kälte marschierte das ganze brave Volk munter drauflos, getragen von dem Gedanken, daß nach der Messe für sie, wie in jedem Jahr, der Tisch unten in den Küchen gedeckt sein würde. Von Zeit zu Zeit ließ auf dem holperigen Weg bergan die Karosse eines Edelmannes, vor welcher Fackelträger herliefen, ihre Fenster im Mondlicht spiegeln, oder es trabte eine Mauleselin herauf und schüttelte kräftig ihre Schellen, und im Schein der von Nebel umhüllten Stocklaternen erkannten die Pächter ihren Amtmann und grüßten ihn, wo er vorüberkam:

»Guten Abend, guten Abend, Meister Arnoton!«

»Guten Abend, guten Abend, meine Kinder!«

Die Nacht war klar, die Kälte ließ die Sterne heller funkeln. Der Nordostwind stach, und ein feiner Eisregen, der über die Kleider glitt, ohne sie naß zu machen, sorgte getreulich für die Tradition der schneeweißen Weihnacht. Ganz oben auf der Höhe erschien als Ziel das Schloß mit seiner gewaltigen Masse von Türmen, Zinnen, dem Glockenturm seiner Kapelle, der in den schwarzblauen Himmel ragte, und einer Menge kleiner Lichter, die blinzelten, kamen, gingen, sich an allen Fenstern bewegten und auf dem dunklen Hintergrund des Gebäudes aussahen wie Funken, die durch die Asche von verbranntem Papier huschen ... Hatte man die Zugbrücke und das Tor passiert, mußte man, um in die Kapelle zu gelangen, den ersten Hof überqueren, der voller Karossen, Diener und Sänften war und ganz hell von den Flammen der Fackeln und dem lodernden Schein aus den Küchen. Man hörte das Klirren der Bratenwender, das Klappern von Töpfen, das Aneinanderstoßen von Kristall und Silbergeschirr, mit dem beim Rüsten eines Mahls hantiert wird; darüber verbreitete sich ein warmer Dunst, der wunderbar nach allem möglichen gebratenen Fleisch und den kräftigen Kräutern komplizierter Soßen roch und sowohl die Pächter wie den Kaplan, wie den Amtmann, wie alle Welt sagen ließ:

»Was für ein köstliches Weihnachtsmahl werden wir gleich nach der Messe halten.«

II

Klingeling ling! ... Klingeling ling! ...

Da beginnt die Mitternachtsmesse. In der Kapelle des Schlosses, einer Kathedrale im kleinen, mit zierlichen Kreuzbögen und Eichentäfelung bis zur vollen Höhe der Mauern, hat man die Wandteppiche ausgespannt, alle Kerzen angezündet. Und welche Menschenmenge! Und welche Roben! Dort zunächst im geschnitzten Gestühl, das den Chor umgibt, der Herr von Trinquelage in einem lachsfarbenen Taftgewand, umgeben von all den geladenen adligen Herren. Ganz vorn auf samtgeschmückten Betstühlen haben die alte verwitwete Marquise in ihrem feuerfarbenen Brokatgewand und die junge Frau von Trinquelage mit einer hohen Turmhaube aus Waffelspitzen nach der letzten Mode des französischen Hofes Platz genommen. Weiter unten sieht man, ganz in Schwarz gekleidet, mit großen, spitz zulaufenden Perücken und rasierten Gesichtern den Amtmann Thomas Arnoton und den Notar Meister Ambroy, zwei ernste Töne zwischen den farbenprächtigen Seiden und golddurchwirkten Damasten. Dann kommen die dicken Haushofmeister, die Pagen, die Vorreiter, die Verwalter, Dame Barbe, mit all ihren Schlüsseln an der Seite auf einem Ring aus feinem Silber; hinten auf den Bänken die einfache Dienerschaft, die Mägde, die Pächter mit ihren Familien und endlich, ganz im Hintergrund und an die Tür gelehnt, die sie leise öffnen und wieder schließen, die Herren Küchenjungen, die zwischen zwei Soßen hereinkommen, ein klein wenig Christmettenluft zu atmen, und einen Duft von Weihnachtsmahl in die festliche und von all den brennenden Kerzen warme Kirche bringen.

Ist es der Anblick dieser kleinen, weißen Mützen, der den Offizianten leicht ablenkt? Ist es nicht eher das Glöckchen Garrigous, dieses wütende kleine Glöckchen, das sich am Fuße des Altars mit einer infernalischen Überstürzung rührt und unentwegt zu sagen scheint:

»Beeilen wir uns, beeilen wir uns ... Je eher wir fertig sind, desto eher werden wir bei Tische sein.«

Tatsache ist, daß jedesmal, wenn es klingelt, dieses Satansglöckchen, der Kaplan seine Messe vergißt und nur noch an das Weihnachtsmahl denkt. Er stellt sich die geschäftigen Köche vor, die Herde, in denen ein wahres Schmiedefeuer brennt, den Dunst, der unter den angehobenen Topfdeckeln hervorquillt, und in diesem Dunst zwei prächtige gefüllte Puten, prall, marmoriert von durchschimmernden Trüffeln ...

Oder er sieht auch wohl Reihen von Pagen vorbeidefilieren, die von verführerischen Dämpfen umwallte Schüsseln tragen, und mit ihnen tritt er in den großen Saal, wo schon alles für das Fest bereit ist. O welche Wonnen! da ist die unübersehbare, hochbeladene schimmernde Tafel, die Pfauen, garniert mit ihren Federn, die Fasanen, die ihre goldbraunen Flügel ausbreiten, die rubinfarbenen Flaschen, die Pyramiden prachtvoller Früchte zwischen grünen Zweigen und diese wundervollen Fische, von denen Garrigou sprach (ah! ja gewiß, Garrigou!), ausgebreitet auf einer Lage von Fenchel, mit perlmuttern schimmernder Schuppenhaut, so als kämen sie gerade aus dem Wasser mit einem Sträußchen duftender Kräuter in ihren Seeungeheuer-Nüstern. So lebendig ist die Vision all dieser Wunder, daß es Dom Balaguère vorkommt, als seien diese ganzen großartigen Gerichte vor ihm auf der Stickerei der Altardecke serviert, und zwei- oder dreimal ertappt er sich, daß er anstelle des »Dominus vobiscum!« das »Benedicite« spricht. Abgesehen von diesen leichten Versehen sagt der würdige Mann seinen Gottesdienst ganz gewissenhaft her, ohne eine Zeile zu überspringen, ohne eine Kniebeuge auszulassen; und alles geht recht gut bis zum Ende der ersten Messe; denn Sie wissen, am Weihnachtstag muß der gleiche Offiziant drei Messen nacheinander zelebrieren.

»Das wäre eine!« sagt der Kaplan bei sich mit einem Seufzer der Erleichterung; dann, ohne eine Minute zu verlieren, macht er seinem Meßdiener, oder dem, den er für seinen Meßdiener hält, ein Zeichen und …

Klingeling ling! … Klingeling ling!

Da beginnt die zweite Messe, und mit ihr beginnt auch die Sünde Dom Balaguères.

»Schnell, schnell, beeilen wir uns«, schreit ihm mit ihrer

kleinen gellenden Stimme Garrigous Glöckchen zu, und diesmal stürzt sich der unglückliche Priester, ganz dem Dämon der Völlerei hingegeben, auf das Meßbuch und verschlingt die Seiten mit der Gier seines überreizten Appetits. In frenetischer Hast verbeugt er sich, erhebt sich wieder, macht das Kreuzzeichen, die Kniebeugen, kürzt all diese Gesten ab, um schneller fertig zu sein. Kaum, daß er beim Evangelium die Arme ausbreitet, sich beim Confiteor an die Brust schlägt. Zwischen ihm und dem Ministranten geht es um die Wette, wer am schnellsten die Silben verschluckt. Bibelverse und Responsorien übereilen, überstürzen sich. Ohne den Mund aufzumachen, was zuviel Zeit gekostet hätte, halb ausgesprochen enden sie die Wörter mit unverständlichem Gemurmel.

»Oremus ps … ps … ps …«

»Mea culpa … pa … pa …«

Genau wie hastige Winzer in der Kelter die Trauben treten, so platschen die beiden durch das Latein der Messe, daß die Spritzer nach allen Seiten fliegen.

»Dom … scum! …«, sagt Balaguère.

»… stutuo! …«, respondiert Garrigou; und immerzu ist da diese verdammte kleine Glocke, die ihnen in die Ohren gellt, wie jene Schellen, die man den Postpferden umhängt, damit sie zu höchstem Galopp angestachelt werden. Sie können sich vorstellen, daß bei diesem Eiltempo eine stille Messe schnell expediert ist.

»Und das wäre die zweite!« sagt der Kaplan ganz außer Atem; dann, ohne sich die Zeit zum Luftholen zu nehmen, rot und schwitzend, kommt er eiligst die Altarstufen herunter und …

Klingeling ling! … Klingeling ling! …

Da beginnt die dritte Messe. Nicht mehr als ein paar Schritte sind noch zu tun, um im Speisesaal anzulangen; aber ach! je näher das Weihnachtsmahl heranrückt, fühlt sich der unselige Balaguère von einer wahnsinnigen Ungeduld und Eßlust gepackt. Seine Vorstellung spitzt sich zu, die goldenen Karpfen, die gebratenen Puten sind da, da ... Er berührt sie ... er ... Oh! Gott! ... Die Schüsseln dampfen, die Weine duften: und mit ihrem rasenden Geklingel gellt ihm die kleine Glocke zu:

»Schnell, schnell, noch schneller! ...«

Aber wie hätte er noch schneller machen sollen? Seine Lippen bewegen sich kaum. Er spricht die Wörter gar nicht mehr aus ... Es sei denn, man betröge den lieben Gott vollends und beschummelte ihn um diese Messe ... Und das tut er, der Unglückliche! ... Von einer Versuchung fällt er in die andere, er beginnt damit, einen Vers zu überspringen, dann zwei. Dann ist die Epistel zu lang, er liest sie nicht zu Ende, streift das Evangelium, geht am Credo vorüber, ohne sich damit abzugeben, überspringt das »Pater«, grüßt von fern die Präfation, und mit Sprüngen und mit Schwüngen stürzt er sich so in die ewige Verdammnis, immer gefolgt von dem schändlichen Garrigou (»vade retro Satanas«), der ihm mit einem wunderbaren Einvernehmen sekundiert, ihm das Meßgewand hebt, immer zwei Blätter auf einmal umwendet, die Lesepulte herumstößt, die Meßkännchen umkippt und ununterbrochen die kleine Glocke schüttelt, immer lauter, immer schneller.

Man stelle sich die verstörten Gesichter vor, die alle die Anwesenden machen! Darauf angewiesen, dieser Messe, von der sie kein Wort hören, nach den Gebärden des Priesters zu folgen, erheben sich die einen, während die anderen niederknien, setzen sich, während die anderen stehen; und auf den Bänken mischen sich alle Phasen dieses sonderbaren Gottesdienstes in einem Gewühl der verschiedensten Haltungen. Der Weihnachtsstern, der auf den himmlischen Straßen nach dem kleinen Stall dort unten unterwegs ist, erbleicht vor Entsetzen, als er diese Verwirrung sieht …

»Der Abbé macht zu schnell … Man kann gar nicht folgen«, murmelt die verwitwete Marquise und bewegt verstört ihre Haube hin und her.

Meister Arnoton sucht mit seiner großen Stahlbrille auf der Nase in seinem Gebetbuch, wo zum Deibel man wohl ist. Im Grunde aber sind alle diese braven Leute, die ja auch nur ans Weihnachtsmahlhalten denken, nicht böse, daß die Messe so mit der Eilpost geht; und als Dom Balaguère sich mit freudestrahlendem Gesicht nach der Gemeinde umdreht und, so laut er kann, ruft: »Ite missa est«, gibt es nur eine Stimme in der Kapelle, ihm mit einem so fröhlichen, so mitreißenden »Deo gratias« zu antworten, daß man gemeint hätte, man sei schon an der Tafel beim ersten Trinkspruch des Weihnachtsmahls.

III

Fünf Minuten später nahm die Menge der edlen Herren im großen Saal Platz, der Kaplan mitten unter ihnen. Das Schloß, von oben bis unten strahlend hell erleuchtet, hallte wider von Gesang, Rufen, Lachen und geschäftiger Bewegung; und der hochwürdige Dom Balaguère pflanzte seine Gabel in den Flügel eines Haselhuhns und ertränkte die Gewissensbisse über seine Sünde in Fluten vom Wein des Papstes und guter Fleischbrühe. Er trank und aß so viel, der arme heilige Mann, daß er noch in derselben Nacht an einem furchtbaren Schlag starb, ohne auch nur die Zeit gehabt zu haben, zu bereuen; dann, morgens, kam er im Himmel an, noch ganz aufgewühlt von den Festlichkeiten der Nacht, und ich überlasse es Ihnen, sich auszudenken, wie er empfangen wurde.

»Hebe dich weg aus meinen Augen, schlechter Christ!« sagte der höchste Richter, unser aller Herr, zu ihm. »Dein Fehltritt ist schwer genug, ein ganzes Leben der Tugend auszulöschen ... Oh! du hast mir eine Mitternachtsmesse gestohlen ... Nun, du wirst mir mit dreihundert dafür zahlen, und du sollst nicht eher ins Paradies kommen, als bis du diese dreihundert Weihnachtsmessen in deiner eigenen Kapelle in Anwesenheit all derer zelebriert hast, die durch deinen Fehler und mit dir gesündigt haben ...«

... Und das ist die wahre Legende des Dom Balaguère, wie man sie im Land der Oliven erzählt. Das Schloß Trinquelage gibt es nicht mehr, aber seine Kapelle steht noch dort oben auf der Höhe des Mont Ventoux in einem Gebüsch von immergrünen Eichen. Der Wind läßt die schief in den Angeln hängende Tür schlagen, und Gras überwuchert die Schwelle. Vogelnester kleben in den Winkeln des Altars und in den Öffnungen der hohen Fenster, deren bunte Scheiben lange verschwunden sind. Doch scheint es, daß alle Jahre in der Weihnachtsnacht ein überirdisches Licht durch diese Ruinen irrt und daß die Bauern, wenn sie zu den Messen oder zum Weihnachtsessen gehen, dieses Gespenst von einer Kapelle von unsichtbaren Kerzen erleuchtet sehen, die in der zugigen Luft brennen, sogar bei Schnee und bei Wind. Sie mögen darüber lachen, wenn Sie wollen, aber ein Winzer aus dem Ort mit Namen Garrigue, ohne Zweifel ein Nachkomme Garrigous, hat mir versichert, daß er sich an einem

Weihnachtsabend, leicht angetrunken, in den Bergen in der Gegend von Trinquelage verirrt hätte, und da hat er folgendes gesehen ... Bis elf Uhr nichts. Alles war still, erloschen, ohne Leben. Plötzlich, gegen Mitternacht, ertönte hoch vom Turm Glockengeläut, ein altes, uraltes Geläut, das sich anhörte, als käme es zehn Meilen weit her. Bald sah Garrigue auf dem Weg, der heraufführt, Lichter zittern und undeutliche Schatten sich bewegen. In der Vorhalle der Kapelle war ein Gehen und Flüstern:

»Guten Abend, Meister Arnoton!«

»Guten Abend, guten Abend, meine Kinder! ...«

Als alle hineingegangen waren, näherte sich mein Winzer, der sehr beherzt war, vorsichtig, und als er durch die zerbrochene Tür blickte, bot sich ihm ein seltsames Schauspiel. Alle die Leute, die er hatte vorbeigehen sehen, hatten sich in dem zerfallenen Kirchenschiff so um den Chor gereiht, als ob die alten Bänke noch vorhanden seien. Schöne Damen in Brokat, mit Spitzenhauben, Edelleute, prächtig herausgeputzt von Kopf bis Fuß, Bauern in geblümten Jacken, wie sie unsere Großväter hatten. Alle sahen sie alt, verwelkt, verstaubt und müde aus. Von Zeit zu Zeit streiften Nachtvögel, die gewohnten Gäste dieser Kapelle, von all den Lichtern aufgeweckt, rund um die Kerzen, deren Flammen so verschleiert und gerade aufstiegen, als ob sie hinter einem Gazevorhang gebrannt hätten; und was Garrigue ganz besonders erheiterte, war eine gewisse Person mit großer Stahlbrille, die alle Augenblicke ihre hohe, schwarze Perücke schüttelte, über welcher sich einer dieser Vögel, der sich darin verfangen hatte, lautlos mit den Flügeln schlagend, aufrecht zu halten suchte ...

Im Hintergrund bewegte ein kleiner Greis von kindlicher

Gestalt auf den Knien in der Mitte des Chors verzweifelt eine Glocke ohne Klang und Stimme, während ein in Altgold gekleideter Priester vor dem Altar hin- und herging und Gebete rezitierte, von denen man nicht ein Wort vernahm ... Gewiß war es Dom Balaguère, der gerade seine dritte stille Messe las.

CONRAD FERDINAND MEYER

Weihnacht in Ajaccio

Reife Goldorangen fallen sahn wir heute, Myrte blühte,
Eidechs glitt entlang der Mauer, die von Sonne glühte.

Uns zu Häupten neben einem morschen Laube flog
ein Falter –
Keine herbe Grenze scheidet Jugend hier und Alter.

Eh das welke Blatt verweht ist, wird die Knospe neu
geboren –
Eine liebliche Verwirrung, schwebt der Zug der Horen.

Sprich, was träumen deine Blicke? Fehlt ein Winter dir,
ein bleicher?
Teures Weib, du bist um einen lichten Frühling reicher!

Liebst du doch die langen Sonnen und die Kraft und Glut
der Farben!
Und du sehnst dich nach der Heimat, wo sie längst
erstarben?

Horch! durch paradieseswarme Lüfte tönen
Weihnachtsglocken!
Sprich, was träumen deine Blicke? Von den weißen
Flocken?

ROBERT WALSER

Weihnacht

Weihnachten? O! Das wird den schlechtesten Aufsatz geben; denn über etwas so Süßes kann man nur schlecht schreiben. – In den Straßen, in den Hausgängen, auf den Treppen, in den Zimmern roch es nach Orangen. Der Schnee lag dick draußen. Weihnachten ohne Schnee wäre unerträglich. Am Nachmittag ließen sich zwei erbärmlich dünne Stimmchen vor unserer Haustüre vernehmen. Ich ging, um zu öffnen. Ich wußte, es waren arme Kinder. Ich sah sie ziemlich lange und herzlos an. »Was wollt ihr?« fragte ich sie. Da weinte das kleine Mädchen. Es tat mir leid, so barsch gewesen zu sein. Die Mutter kam, schickte mich weg und gab den Kindern kleine Geschenke. Als der Abend kam, hieß mich die Mutter ins schöne Zimmer eintreten. Ich tat es mit Zittern. Ich gestehe, ich hatte eine gewisse unerklärliche Angst vor dem Beschenktwerden. Meine Seele fragt Geschenken nichts nach. Ich ging hinein, die Augen schmerzten mich, als ich in das Meer von Licht und Lichtern trat. Ich saß vorher lange im Dunkeln. Der Vater saß da, im ledernen Lehnstuhl, und rauchte. Er stand auf und führte mich artig zu den Geschenken. Es war mir sehr unbehaglich. Es waren die hübschesten Sachen, die ein Auge und ein Herz erfreuen konnten. Ich lächelte und versuchte etwas zu sagen. Ich streckte dem Vater die Hand hin und sah ihn dankbar an. Er fing an zu lachen und mit mir zu plaudern, über die Geschenke, ihre Bedeutung, ihren Wert und über meine Zukunft. Ich ließ mir nicht merken, was mir das für ein Vergnügen machte. Die Mutter kam und setzte sich zu uns. Ich fühlte das Bedürfnis, ihr etwas Liebes zu sagen, brachte es aber nicht über die Lippen. Sie merkte, wo ich hinaus wollte und nahm mich nahe zu sich und küßte mich. Ich war unsäglich glücklich und froh, daß sie mich verstanden hatte. Ich schmiegte mich eng an sie und schaute in ihre Augen, die voll Wasser waren. Ich sprach, aber es hatte keinen Ton. Ich war so glücklich, daß ich auf diese schönere Weise mit meiner Mutter sprechen konnte. Hernach waren wir sehr lustig. Es wurde Wein aus zierlich geschliffenen Gläsern getrunken. Das brachte Fluß und Lachen in die Unterhaltung. Ich erzählte von der Schule und von den Lehrern, indem ich besonders ihre komischen Seiten hervorhob. Man verzieh mir gern meine Ausgelassenheit. Die Mutter ging ans Klavier und spielte ein einfaches Lied.

Sie spielt ungemein zart. Ich rezitierte ein Gedicht. Ich rezitiere ungemein schlecht. Die Magd kam herein und brachte Kuchen und köstliches Backwerk (Rezept der Mutter). Sie machte ein dummes Gesicht, als sie beschenkt wurde. Sie küßte aber artig meiner Mutter die Hand. Mein Bruder hatte nicht kommen können, das bedauerte ich lebhaft. Unser Hausdiener, der alte Fehlmann, bekam ein großes geschlossenes Paket; er lief hinaus, um es zu öffnen. Wir lachten. Weihnachten ging so still vorüber. Wir saßen endlich ganz allein beim Wein und sprachen ganz wenig. Danach verstrich die Zeit rasch. Es war zwölf Uhr, als wir uns erhoben, um ins Bett zu gehen. Am andern Morgen sahen wir alle ziemlich müde aus. Der Weihnachtsbaum ebenfalls. Nicht wahr, das alles ist schlecht geschrieben? Aber ich habe es wenigstens vorausgesagt, und so kann der Vorwurf mich nicht in Erstaunen setzen.

JOHANNES BOBROWSKI

Weihnachtsgetier

Ich hab eine Wut, sagt der Hahn,
ich will mein Idyll.
Lieber, sag ich, dann rett deinen Kamm
jetzt federn die Hühner.
Ach, ich sing nur, sagt er,
und ich in der Dämmerung früh
geh um das Haus, um den Wald
der Dachs
zieht seine Torkelspur.

Und kein Schnee.
Nur die Eule
mit Katzenlauten. Die Fichten
feucht. Auf den Nebeln
zittert das Licht.

Stroh
werden wir streun. Die Stille
sammeln unter das Dach,
einmal die Fenster
öffnen für einen Kerzentanz,
Ochs und Esel beschenken,
wir kennen da eine Geschichte,
die ist wie wir – eine große
Finsternis unter den Himmeln,
darin die Winter fahren
mit Flügeln rot, umglänzt
von silbernen Stimmen.

WILHELM BUSCH

Der Stern

Hätt einer auch fast mehr Verstand
Als wie die drei Weisen aus Morgenland
Und ließe sich dünken, er wär wohl nie
Dem Sternlein nachgereist wie sie;
Dennoch, wenn nun das Weihnachtsfest
Seine Lichtlein wonniglich scheinen läßt,
Fällt auch auf sein verständig Gesicht,
Er mag es merken oder nicht,
Ein freundlicher Strahl
Des Wundersternes von dazumal.

OTFRIED PREUSSLER

Die Könige aus dem Hüttendorf

Ihre Ware stellte jede der alten Glashütten in den böhmisch-schlesischen Wäldern nach besonderen Rezepturen her, obzwar stets aus den gleichen Grundstoffen: einem Gemenge aus Kalkstein, Quarzsand und einer Lauge, die aus der Asche gewisser Bäume gewonnen wurde. Mittels bestimmter Zusätze, die man dem Grundgemisch in genau dosierter Menge beifügte, ließ sich die Farbe des Glases verändern. Solche Mischungen herzustellen war Sache des Schmelzers, auf kleineren Hütten des Hüttenmeisters. Die Rezepturen wurden aufs strengste geheimgehalten; nicht selten nahmen die Eingeweihten sie mit ins Grab.

Damals mußten sie auf der Labauer Hütte im Böhmischen kalten Ofen machen. Der Hüttenmeister, Herr Christoph Wander, hatte sich's in den Kopf gesetzt, ein Rubinglas heranzuschmelzen, wie es bislang nur den hochberühmten venezianischen Glasmachern auf der Insel Murano gelungen war: ein dunkel glühendes, purpurfarbenes Glas von erlesener Kostbarkeit. Trotz vieler Versuche hat der Herr Wander das Rätsel des roten Glases aber nicht lösen können. Sein ganzes Vermögen ist dabei draufgegangen, das Heiratsgut seiner Frau dazu; und nun hatte er also die Hütte stillegen müssen: die Feuer wurden gelöscht, das Pochwerk verstummte, die Schleifmühlen wurden angehalten, und alle Hüttenleute, die Glasmacher und die Schürer, die Einträger und die Hüttenjungen hatten nun keine Arbeit mehr.

Sie hockten daheim in der Stube und drehten die Daumen,

das nannten sie kalten Ofen machen. So wurde es Winter, so kamen die Weihnachtstage heran, traurige Weihnachtstage in diesem Jahr.

Einem der Glasmacher kam am Abend des zweiten Feiertags ein Gedanke. Richterkarl tat sich mit Eichlers Fernand zusammen und mit dem langen Schier. Die drei waren gute Freunde von Kind auf. Am gleichen Tage waren sie Hüttenjungen geworden und später Glasmacher.

Als junge Burschen waren sie in der Zeit zwischen Weihnachten und dem Dreikönigstag auf den Dörfern herumgezogen und hatten sich, vorstellend die Drei Heiligen Könige aus dem Morgenland, vor den Haustüren mancherlei Gaben ersungen – was hinderte sie daran, es wiederum zu versuchen?

Am andern Morgen zogen sie los, jeder mit einem Rucksack versehen, über der Jacke ein Leintuch als Königsmantel, die Königskronen aus Blech um die Mützen gesteckt. Richterkarl, Stirn und Wangen mit Ofenruß vollgeschmiert, war der Mohrenkönig. Auch der Weihnachtsstern fehlte nicht, Eichler trug ihn den dreien auf einem Haselstecken voran.

Im Lauf der Woche suchten sie alle benachbarten Glashütten auf. Auch in den Dörfern am Wege ließen sie keine Schwelle aus. War das Dreikönigslied gesungen, trat Richterkarl einen halben Schritt vor und sagte:

»Weil wir in Labau kalten Ofen haben,
So bitten wir um milde Gaben.
Was ihr uns gebt, wir nehmen's gern,
Im Namen Gottes, unsres Herrn.«

Kaum eine Haustür, von der sie unbeschert weitergezogen wären. Hier gab es Äpfel und Nüsse, dort einen Pfefferkuchen, dann und wann ein Stück Wurst, ein Stück Räucherspeck, manchmal auch ein paar Kreuzer in blanker Münze. Die erste Nacht verbrachten sie auf der Kamnitzer Hütte neben dem Schürloch des Glasofens, die zweite in Friedrichswald. Am dritten Abend kehrten sie heim ins Hüttendorf, um die Rucksäcke auszuleeren; da war die Freude bei Frauen und Kindern groß.

Die nächste Wanderung führte sie über Reiditz nach Rochlitz hinüber, dann an der Iser aufwärts nach Harrachsdorf. Hier nun, es war am Vorabend des Dreikönigstags, meinte Richterkarl, ob es nicht möchte naheliegen, einen Schlenker hinaus zu machen ins Schlesische, auf die Hütte von Schreiberhau; dort könnten sie noch vor Anbruch der Dunkelheit eintreffen. Eichler hielt das für wenig ratsam, weil sie dann übers Gebirge müßten. Doch Richter meinte, der Fernand habe wohl Angst vor dem Rübezahl – oder was sonst? Dies hinwiederum mochte Eichler nicht auf sich sitzen lassen. »Von mir aus«, knurrte er, »ziehen wir alsdann los!«

Bald hinter Neuwelt hat es jedoch zu schneien begonnen, kaum merklich anfangs, in feinen, winzigen Flocken, die dichter und immer dichter fielen, bis schließlich die Könige aus dem Hüttendorf kaum noch die eigenen Füße erkennen konnten, geschweige denn Weg und Steg.

»Ich tu mir allmählich vorkommen wie ein Blinder im Nebel«, brummte der lange Schier. Und Eichler meinte: »Aus heiterm Himmel – ein solches Wetter! Das kann uns bloß Rübezahl übern Weg geschickt haben …«

»Sei bloß stille!« beschwor ihn Richter. »Dir tut's wohl

noch nicht genug schneien?« Schier gab ihm recht, er drängte zum Weitergehen, sonst möchten sie hier noch anfrieren.

Von jetzt an leistete ihnen der Stern von Bethlehem gute Dienste. Nicht etwa daß er ihnen geleuchtet hätte, das leider nicht. Doch war er ja, wie berichtet, an einem Haselstecken befestigt, an welchem sich nunmehr, auf daß man sich unterwegs nicht verlöre, die Majestäten festhalten konnten. So stapften sie durch das Schneegestöber, ohne zu ahnen, in welche Richtung sie gingen, ohne zu wissen, wie lang sie schon unterwegs waren. Alle Nasen lang hielten sie an, um die Plätze zu wechseln. Wer bis dahin an letzter Stelle gegangen war, übernahm nun die Spitze, die anderen rückten hinter.

Das mochte so zehn- bis zwölfmal geschehen sein, sie waren schon recht ermüdet und der Verzweiflung nahe, da hörten sie jemand rufen – und plötzlich gewahrten sie einen Lichtschein, der ihnen durch den Flockenwirbel entgegenschimmerte! Wenig später trat ihnen die Gestalt eines Mannes entgegen. Das Licht seiner Sturmlaterne auf sie gerichtet, fragte er ziemlich unwirsch, was sie denn hier verloren hätten, bei diesem Hundewetter.

»Schon mancher ist an der schlesischen Grenze winters zu Tode gekommen, in Schnee und Kälte und Finsternis«, raunzte er. »Rasch jetzt in meine Baude, da könnt ihr euch aufwärmen!«

Das war Rettung in höchster Not. Nach wenigen Schritten öffnete sich vor ihnen die Baudentür. Behagliche Wärme empfing sie, im Kachelofen knisterten dicke Scheiter von Buchenholz. Und der Schein einer Lampe, im Stubenwinkel über dem Tisch hängend, tauchte den Raum in freundliches Licht.

Sie klopften den Schnee von Schultern und Rücken, sie streiften die weißen Laken, die kalten Röcke ab. Auch schlupften sie aus den steifgefrorenen Schuhen und streckten die klammen Füße dem Ofen zu.

Was denn die blechernen Kronen an ihren Mützen bedeuteten, wollte der Baudner wissen. Es zeigte sich, daß er ein hochgewachsener Mann war: breitschultrig, starke Arme, buschige Augenbrauen, der mächtige Bart von rötlicher Farbe.

Eichler berichtete, wer sie seien und wen sie vorstellten. Der Baudenwirt hieß sie ihr Lied singen, was sie auch taten. Danach brachte Richterkarl seinen Spruch mit der Bitte um milde Gaben vor.

»Ja so?« Der Bärtige wiegte den Kopf. Kalter Ofen – und mitten im Winter, das müsse schlimm sein ... Ob es denn Gründe gebe, und wie es dazu gekommen sei.

Das sei rasch erklärt, beschied ihn der lange Schier. Der Herr Wander hätte sich's in den Kopf gesetzt, er müßte auf seiner Hütte Rubinglas erzeugen – nu ja, und das sei ihm nun leider fehlgeschlagen, Gott sei's geklagt.

Dennoch, so Richter, könnten die Hüttenleute ihm keinen Vorwurf machen. Sie alle, vom ältesten Glasmacher bis zu den grünsten Hüttenjungen: sie alle hätten es sich und dem Meister gegönnt, wenn es ihm möchte geglückt sein, die Rezeptur für das rote, das dunkel glühende Glas zu finden. Als erstem von allen Hüttenmeistern im Königreich Böhmen.

»Nu ja, nu ja.« Der Baudenwirt schürte das Feuer im Ofen nach. »Dies ist das eine. Das andere sind die Könige aus dem Morgenland, die ihr vorstellen tut. Berichtet mir, was man von ihnen wissen sollte.«

Jetzt war es Eichler, der zu erzählen anhob, die anderen fielen später ein. Die Dreikönige aus dem Morgenland seien damals, in jenen fernen Zeiten dem Stern von Bethlehem folgend, zur Krippe gewandert, geleitet von prächtig gewandeten Dienern, mit feurigen Rossen, Kamelen und Elefanten, mit Gold und Weihrauch und Myrrhen, womit sie den lieben Heiland beschenkt hätten, jenes Gotteskind auf dem Stroh, das der Anhauch von Ochs und Esel erwärmt und am Leben erhalten hätte, zum Heil der Welt wie zu ihrer aller Erlösung aus dem Verhängnis von Schuld und Sünde.

»Gloria, Gloria in excelsis Deo!« hätten die himmlischen Heerscharen damals gejubelt, über dem Stall von Bethlehem. »Und Friede auf Erden – allen, die guten Willens sind.«

Schweigend hatte der Bärtige ihnen zugehört, in Gedanken versunken. Nun hob er die Brauen und blickte sie forschend an. »Stimmt das auch alles, was ihr mir da erzählt habt? Stimmt es auch ganz gewiß?«

Dafür könnten sie sich verbürgen mit Haut und Haar, sagte Eichler, die Hand aufs Herz legend, sagte Richterkarl, sagte der lange Schier.

»Eine schöne Geschichte, die ihr mir da erzählt habt, tröstlich und wundersam.« Der Baudner blickte versonnen ins Feuer. »Habt Dank, ihr drei Blechgekrönten, habt Dank dafür!« Hierauf kredenzte er ihnen ein heißes Gebräu, das nach Vogelbeeren und Arnika schmeckte, nach wildem Honig und – ja, wonach schmeckte es sonst noch? Es schmeckte nach Enzian und nach Salbei, nach Quendel und Thymian, nach den herrlichsten Kräutern, den rarsten Wurzeln, die es im Riesengebirge zu finden gab. Davon wurden ihnen die Köpfe warm und die Glieder schwer – und ehe sie's richtig merkten, waren sie weggeschlafen.

Am Morgen des nächsten Tages, mithin am Dreikönigsmorgen, erwachten die Könige Richter, Eichler und Schier unterm Dach eines morschen Schuppens unweit der schlesischen Hütte zu Schreiberhau.

An Richterkarls Krone steckte ein Blatt Papier, darauf stand geschrieben: »Der Brief für Herrn Christoph Wander, Hüttenmeister zu Labau – das Geld für euch«; Eichlers Fernand entdeckte einen versiegelten Umschlag, angeheftet am obersten Zacken des Sterns von Bethlehem; und der lange Schier, wer beschreibt sein Erstaunen? – der lange Schier, als er zufällig in die Taschen griff, fand darin drei Dukaten vor, also für ihrer jeden einen.

Den Schlenker nach Schreiberhau haben die morgenländischen Könige sich erspart, vielmehr sind sie schnurstracks zurückgewandert ins Hüttendorf, diesmal nicht zu den Weibern und Kindern, sondern ins Meisterhaus zum Herrn Christoph Wander. Und der Herr Wander, weiß Gott, hat nicht schlecht gestaunt, sobald er den Brief gelesen hatte.

Ob sie denn wüßten, was da geschrieben stünde? Es sei dies die Rezeptur zur Gewinnung des roten Glases, die echte, die einzige … Schade nur, daß man sie nicht erproben könne.

Warum denn nicht? meinte Richter. Was denn der Probe entgegenstünde? – Weil man, so der Herr Christoph Wander, der Schmelze ein Quantum Dukatengold zusetzen müsse: woher das nehmen? – Nu, nu, das möcht sich wohl finden lassen, erwiderte Eichlers Fernand; und jetzt war's am langen Schier, mit seinem Dukaten herauszurücken, Eichler und Richterkarl fügten die ihren hinzu, ohne lang zu zaudern. Ob das wohl reichen möchte? Dann möge er doch, der Herr Vater und Hüttenmeister, die drei Dukaten von ihnen zur Leihe nehmen und alsbald die Probe auf das Rezept machen, der Probierofen in der Schmelzerstube sei ja rasch angeschürt.

Und wenn nun die Sache fehlschlüge? meinte Herr Christoph Wander. – Dann hätten sie eben Pech gehabt, sagte Eichler für alle dreie, die Probe dürfe daran nicht scheitern.

Machen wir's kurz. Am Tage nach jenem Dreikönigstag sei es dem Hüttenmeister von Labau gelungen, erstmals im ganzen Königreich Böhmen das edle, bis dahin nur in Venedig erzeugte Rubinglas heranzuschmelzen: ein wundersam schönes, ein dunkel glühendes Glas – zum Dank für die wundersam schöne, die wundersam tröstliche Geschichte vom Gotteskind in der Krippe, zur rechten Stunde erzählt, von den rechten Leuten, am rechten Ort.

THEODOR FONTANE

Noch einmal ein Weihnachtsfest

Noch einmal ein Weihnachtsfest,
Immer kleiner wird der Rest,
Aber nehm' ich so die Summe,
Alles Grade, alles Krumme,
Alles Falsche, alles Rechte,
Alles Gute, alles Schlechte –
Rechnet sich aus all dem Braus
Doch ein richtig Leben raus.
Und dies können ist das Beste
Wohl bei diesem Weihnachtsfeste.

Weihnachtsspruch

Sei heiter!
Es ist gescheiter
Als alles Gegrübel; –
Gott hilft weiter,
Zur Himmelsleiter
Werden die Übel.

CHRISTINE BUSTA

Der Stern

Nachts erwachen und mit herrlichem Erschrecken
hell im Fenster einen Stern entdecken,
und um ihn die sichre Angst verlassen,
wie Kolumbus nach dem Steuer fassen,
und gehorsam wie aus Morgenland die Weisen
durch die Wüste in die Armut reisen,
und im Stern des Engels Antlitz schauen:
wie ein Hirt zu Bethlehem vertrauen.

WERNER WOLLENBERGER

Janine feiert Weihnachten

Wann ist Weihnachten? Man sagt, am 24. Dezember, am 25. vielleicht. Das habe ich auch immer geglaubt, bis jene Geschichte passierte, die ich jetzt erzählen möchte. Seither bin ich nicht mehr so sicher.

Die Geschichte nahm ihren Anfang im Sommer des Jahres 1958 in einem kleinen Juradorf. Das Juradorf war wirklich sehr klein – ein paar Häuser, ein Bäcker, zwei, drei Wirtschaften, eine kleine Schule, eine Kirche und ein paar Familien über die Hänge verstreut. Eine dieser Familien bestand aus einem jungen Ehepaar und einem achtjährigen Mädchen, nennen wir es Janine.

Janine war ein fröhliches Mädchen, aber in diesem Sommer begann es zu kränkeln. Es wurde apathisch, es war immer müde, es nahm nicht mehr an den Spielen seiner Gefährtinnen teil; es begann Kopfweh zu haben, es wollte morgens nicht mehr aufstehen; es war krank. Zuerst schien die Sache nicht sehr besorgniserregend; aber nachdem Janine immer mehr zu klagen begann, ging die Mutter zum Arzt des nächsten größeren Dorfes. Der Arzt untersuchte sie und kam der Krankheit nicht auf die Spur.

So fuhr die Mutter denn eines Tages im September nach Basel und ließ Janine von einem berühmten Professor an der Universitätsklinik untersuchen. Der Bescheid, den Janines Mutter bekam, war erschreckend. Janine hatte Leukämie, eine Blutkrankheit, gegen die es auch heute noch kein Mittel gibt und die binnen kurzer Zeit zum sicheren Tode führt. Der Professor gab Janine höchstens noch zwei Monate zu leben. Die Mutter war verzweifelt. Sie beschwor den berühmten Arzt, sie bat ihn, sie fragte, was sie tun könne, und dem Arzt blieb nichts übrig, als ihr zu sagen, das einzige, was sie für Janine noch unternehmen könne, sei, ihr die letzten Wochen ihres Lebens so schön wie immer möglich zu machen.

Janines Eltern waren nicht reich, aber es ging ihnen nicht schlecht, und sie beschlossen, für Janine zu tun, was immer nur zu tun sei: mit ihr zu reisen, ihr die Schweiz zu zeigen, die Welt zu zeigen; sie mit Geschenken zu überschütten.

Aber Janine wollte von all dem nichts wissen. Sie wollte nicht reisen, sie wollte keine Geschenke haben. Sie hatte nur einen einzigen Wunsch, und das war: Weihnachten zu feiern. Sie wollte Weihnachten haben, und zwar wunderschöne Weihnachten, wie sie sich ausdrückte, Weihnachten mit allem, was Weihnachten zu Weihnachten macht. Das war der einzige Wunsch, der Janine nicht zu erfüllen war. Dezember rückte näher, der Vater wurde immer verzweifelter, und in seiner Verzweiflung vertraute er sich einem Freund, nämlich dem Lehrer des Dorfes, an. Zusammen kamen die Männer auf eine Idee. Der Vater ging nach Hause, mit gespielter Begeisterung erzählte er Janine, daß Weihnachten ausnahmsweise in diesem Jahre früher stattfinden werde, und zwar bereits am 2. Dezember. Janine war ein gescheites Kind und glaubte die Geschichte zunächst nicht; das heißt, sie hätte sie gerne geglaubt, aber sie konnte das gar nicht fassen. Nun, der Vater sagte, mit Ostern sei es ja auch so, und genauso sei es nun eben einmal mit Weihnachten. Die Idee schien dem Vater sehr gut; er hatte nur etwas dabei vergessen: Weihnachten ist ein Fest, das man nicht alleine feiern kann. Zu Weihnachten gehören die Weihnachtsvorbereitungen, das Packen der Paketchen, der Geschenke. Zu Weihnachten gehört als Vorbereitung, daß in den Geschäften die Geschenke ausgestellt sind, daß die Christbäume auf dem Dorfplatz aufgerichtet werden. Zu Weihnachten gehört die ganze Zeit vor Weihnachten, und zu Weihnachten gehört vor allem, daß alle es feiern.

Der Nächste im Dorf, der ins Vertrauen gezogen wurde, war der Bäcker. Und der Bäcker beschloß, seine Lebkuchenherzen dieses Jahr schon früher zu backen. Er beschloß auch, sein berühmtes Schokoladenschiff, das er jedes Jahr ausstellte, dieses Jahr schon früher ins Fenster zu stellen und aus den Schloten des Schiffes die Watte dampfen zu lassen. Und nun begannen die anderen Geschäftsleute des Dorfes, die sich zunächst gesträubt hatten – denn Weihnachten ist für Geschäftsleute nicht nur ein Fest, sondern eben auch ein Geschäft –, die Leute, die sich zunächst gesträubt hatten, begannen auch, ihre Weihnachtsvorbereitungen zu treffen.

Der Plan setzte sich immer fester in den Köpfen der Leute des kleinen Juradorfes. In der Schule wurde gebastelt; im Kindergarten wurde gebastelt; den Kindern wurde eingeschärft, daß Weihnachten dieses Jahr früher sei als in anderen Jahren, und es wurde überall gemalt, gebacken. Die Hausfrauen machten mit; die Väter gingen auf den Dachboden, holten die Lokomotiven und die Eisenbähnchen und begannen, sie neu zu bemalen oder auszubessern; die Puppen wurden in die Puppenklinik gebracht. In dem kleinen Dorf setzten schon Mitte November ganz große Weihnachtsvorbereitungen ein. Der letzte Widerspruch, der zu überwinden war, war der des Pfarrers: konnte er denn die ganze Weihnachtsliturgie vorwegnehmen? Er konnte es. Er setzte Weihnachten für den 2. Dezember fest.

Der 2. Dezember kam, und es wurde ein wundervolles Weihnachten für Janine, ein Weihnachtsfest wie in anderen Jahren. Die Sternsinger kamen, verteilten ihre Lebkuchen, ihre Nüsse, ihre Birnen, und sogar aus dem Radio kam weihnachtliche Musik, kam »O du fröhliche«, kamen die Schweizer Weihnachtslieder, und daran war nicht das Radio schuld, daran war ein kleiner Elektriker im Dorf schuld, der eine direkte Leitung in das Haus Janines gelegt hatte und vom Nebenhaus her Platten abspielte, deren Musik nun direkt aus dem Lautsprecher kam.

Es war ein wundervolles Weihnachtsfest, und zwei Tage später starb Janine. Am 24. Dezember 1958 wurde in diesem kleinen Juradorf nicht mehr Weihnachten gefeiert.

Wie lieblich sind auf den Bergen die Füße der Freudenboten, die da Frieden verkündigen, Gutes predigen, Heil verkündigen, die da sagen zu Zion: Dein Gott ist König!

Jesaja 52,7

KURT MARTI

flucht nach ägypten

nicht
ägypten
ist
fluchtpunkt
der flucht

das kind
wird gerettet
für härtere tage

fluchtpunkt
der flucht
ist
das kreuz

ERICH PUCHTA

Wetterlage am See

Hochdruck an Weihnachten
gefolgt von einer Tiefdruckrinne
nach dem Fest.
Bodennebel verhüllen die Sicht
auf Künftiges.
Reif fällt auf die letzten Tage
des Jahres.
Schau ich genauer hin
finde ich Sterne unter den Eisblumen.
Über dem Nebel
ahne ich Licht.
Manchmal dringt es durch
und klar zeichnen sich ab
die Ufer jenseits.

URS WIDMER

Weihnachten

Es sprach der Ochs zum Es:
wie lieb er trinkt, der Jes.
Auch wir woll bißchen prostern
so bis so gegen Ostern.

Die Tier im heilig Stall
griff froh zur Flaschen all.
Wed Es noch Ochs warn schüchtern.
Mar, Jos und Jes blieb nüchtern.

Jes schlief, Mar träumt, doch Jos
schaut auf sein Frau ziem bos.
Der Es sagt: Jos, übs Jahr
hast du vergess wies war.
Dann weihnacht es schon wieder
und du sing Weihnachtslieder.

KARL-ALFRED ODIN

Die Geschichte unseres Weihnachtsfestes

Weihnachten, das vertraute christliche Fest, ist spät entstanden. Die erste Feier der Kirche am 25. Dezember, als Tag der Geburt Christi, fand im Jahre 354 oder 355 in Rom statt.

Das Fest der ersten christlichen Gemeinden war der wöchentlich wiederkehrende Herrentag. So wurde der Sonntag als Tag der Auferweckung Christi genannt. Es ist möglich, dass es in der judenchristlichen Gemeinde in Jerusalem schon Passahfeiern am Todestag Christi gab. Bekannt ist, dass man in christlichen Passahfeiern in alter Zeit das Abendmahl mit der Vergegenwärtigung des Auszugs Israels unter Mose aus Ägypten verband. Diese Gruppe unter den Christen wurde später nach ihrer Feier am Todestag Christi, dem 14. Nisan (März/April), Quadradezimaner genannt. Diese Feiern trugen jüdische Züge. Sie wurden in der übrigen Kirche mehr und mehr als anstößig empfunden. Daher beging man, wohl als Gegenstück, unter Bischof Sixtus I. in Rom (gestorben 125 als Märtyrer) das erste christliche Osterfest.

Ein oder zwei Jahrzehnte später lehrte in Alexandrien der Theologe Basilides. Er verschmolz christliches, jüdisches und griechisches Denken. Für ihn lag das Heil nicht in Kreuzestod und Auferweckung Christi, sondern im Herabkommen des Geistes Gottes auf Christus in der Taufe im Jordan. Die Anhänger des Basilides feierten den Tag der Taufe Christi am 2. oder 6. Januar. Eine Absicht dabei war, die heidnische Feier zu verdrängen, die in dieser Nacht zur Geburt des Gottes Aion durch die jungfräuliche Göttin Kore gehalten wurde.

Mit der Zeit verbreitete sich in weiteren Teilen der Kirche der 6. Januar als Tag nicht nur der Taufe, sondern auch der Geburt Christi, der Tag der Epiphanie, des Erscheinens Gottes. Nach dem Jahr 200 wurde für die Geburt Christi noch ein anderes Datum ermittelt: der 25. Dezember. Auf ihn kam man durch theologische Erwägungen, nicht durch historische Forschung. Fast gleichzeitig entwarfen in Rom der Presbyter Hippolyt und in Emmaus der weitgereiste christliche Schriftsteller Julius Africanus auf Grund der Angaben des Alten Testaments Weltgeschichten, deren Zahlenreihen auf die Wintersonnenwende als Tag der Geburt Christi führten.

Den Geburtstag Christi zu feiern, wurde in der Großkirche aber noch lange als heidnisch abgelehnt. Kaiser Aurelian (270–275) förderte zur Belebung der religiösen Kraft des Römischen Reiches eine monotheistische Sonnenreligion. Auch er hielt den Tag der Wintersonnenwende für heilswichtig. Er bestimmte den 25. Dezember zum Hauptfest des Deus Sol Invictus, des Gottes Unbesiegbare Sonne. Der Sonnenkult machte Rom nicht monotheistisch. Aber als Soldatenreligion breitete er sich über das Reich aus. Er wurde zum gefährlichen Rivalen des christlichen Glaubens.

Unter Papst Liberius (352–366) feierte die christliche Gemeinde in Rom zum ersten Male am Tage des Sonnengottes das Fest der Geburt Christi. Das war Zeichen des Sieges des Christentums über das Heidentum. Von Rom breitete sich das Weihnachtsfest in der lateinischen Christenheit aus. Bis Ende des Jahrhunderts verdrängte der 25. Dezember auch in der Ostkirche den 6. Januar als Festtag der Geburt.

In Antiochien sprach der griechische Kirchenvater Chrysostomus im Jahr 388 in einer Vorweihnachtspredigt von dem Fest, »das vor allen am meisten Ehrfurcht und

Schauer erregt, das man wohl nicht treffender benennen kann, als Mutterstätte aller Feste, der leiblichen Geburt Christi«. Eingebürgert war das Weihnachtsfest noch nicht, wie aus seiner »flehentlichen Bitte« an die Gemeinde spricht, »mit ganzem Eifer und mit Hingabe euch einzufinden, so dass jeder sein Haus leer mache, auf dass wir unsern Herrn in der Krippe liegen sehen, in Windeln gehüllt, diesen Schauer erregenden und wunderbaren Anblick«. Und in der Predigt am Weihnachtsfest sagte er: »Noch sind es nicht zehn Jahre her, dass uns dieser Tag offenbar und bekannt geworden ist.«

Im Osten des Römischen Reichs setzte sich allerdings im Unterschied zum Westen Weihnachten nicht als das volkstümliche Hauptfest der Kirche durch. Das durch Gebirge abgetrennte Armenien blieb sogar für immer beim 6. Januar, Äthiopien beim 7. Januar. Erst Kaiser Justin II. (565–578) legte den 25. Dezember als Geburtstag Christi für das Römische Reich endgültig fest.

Dass die Heilige Nacht am Abend des 24. Dezember gefeiert wird, bedeutet keinen Verstoß gegen dieses Datum: Im Altertum endete der alte Tag mit Sonnenuntergang. Von da an zählte der nächste Tag. Die Liturgie der Kirche hat diesen Brauch übernommen. Der 25. Dezember beginnt nach dieser Sitte bereits am Heiligen Abend.

Um das Fest legte sich ein Kranz volkstümlichen Brauchtums. Nach der Christianisierung der Germanen sind in die Feiern der Weihnachtstage mit der Zeit auch Bräuche aus dem heidnischen Fest der Wintersonnenwende eingeflossen. Sie nahmen christlichen Inhalt an. Das Wort Weihnachten ist in Deutschland in den frühesten Zeugnissen um das Jahr 1170 überliefert worden. In der Spruchsammlung

Spervogel heißt es: »er ist gewaltic unde starc, der ze wîhen naht geborn wart«.

Früheste Hinweise auf die Aufstellung einer Krippe in der Kirche gibt es aus Armenien um das Jahr 400. In Rom wurde an der Kirche S. Mariae ad praesepe, später der Maria maggiore, eine Kapelle für die Krippe und die dazugehörenden Figuren aufgestellt. Aus der Prozession und der Anbetung der Krippe entstanden im Mittelalter Krippenspiele. Sie entwickelten sich aus liturgischen Wechselgesängen in lateinischer Sprache zu Spielen mit dramatischer Handlung und strahlten aus dem Kirchen- und Klosterraum ins Volksleben aus. Um das Jahr 1200 sind aus Nordfrankreich die ersten Weihnachtsspiele in der Volkssprache überliefert.

Geschmückte Bäume hat es in Paradiesspielen seit dem Altertum gegeben. Ein Kupferstich Lucas Cranachs von 1509, die »Buße des heiligen Chrysostomus«, zeigt zum ersten Mal die mit Lichtern und Sternen geschmückte Tanne, allerdings steht sie in der freien Natur zwischen anderen Bäumen. Aus dem Jahr 1605 wird in Schlettstadt im Elsass vom ersten Weihnachtsmayen in einem Wohnhaus berichtet. Die Sitte des Christbaums ist wahrscheinlich aber erst seit dem Jahr 1800 in Bürgerhäuser eingezogen, zunächst in Zürich, München, Wien und Siebenbürgen, ehe sie sich allgemein durchsetzte.

Im deutschen Protestantismus hat Luther die Kreuzestheologie, das Kernstück des evangelischen Glaubens, mit dem Weihnachtsfest verbunden. Luther hat vom »fröhlichen Wechsel« gesprochen, der sich Karfreitag am Kreuz vollzogen hat: Christus nimmt auf sich die Sünden des Glaubenden und gibt ihm dafür seine Gerechtigkeit. Luther übertrug das auf die Geburt Christi: »Er äußert sich all seiner

Gwalt, wird niedrig und gering, und nimmt an sich eins Knechts Gestalt, der Schöpfer aller Ding. Er wird ein Knecht und ich ein Herr; das mag ein Wechsel sein! Wie könnt es doch sein freundlicher, das Herzejesulein?« Luther schlug um das Jahr 1535 auch vor, die am Nikolaustag übliche Bescherung auf das Weihnachtsfest zu verlegen. Statt des heiligen Nikolaus brachte danach der heilige Christ die Gaben, daraus wurde das Christkind.

Dass die christlichen Feste spät entstanden, ist nicht verwunderlich. Die erste Generation der Christen erwartete, der in den Himmel gefahrene Gottessohn werde bald in Herrlichkeit auf die Erde zurückkehren, als Richter und als König seines Reichs. Im ältesten Brief des Neuen Testaments, im Ersten Brief an die Thessalonicher (Saloniki), wahrscheinlich aus dem Jahre 50, ist zu sehen, dass Paulus erwartet hat, die Wiederkunft Christi noch zu erleben: »Denn der Herr wird selbst mit befehlendem Wort, mit der Stimme des Erzengels und mit der Posaune Gottes vom Himmel herabkommen, und zuerst werden die Toten, die in Christus gestorben sind, auferstehen. Danach werden wir, die wir noch am Leben sind, zugleich mit ihnen auf den Wolken in die Luft entrückt werden, dem Herrn entgegen. Und so werden wir beim Herrn sein allezeit.«

Die Bürgschaft dafür bot, dass Christus für die Menschen gestorben und auferstanden war. Seine Auferweckung war der Inhalt der ältesten christlichen Verkündigung. Im Ersten Brief an die Korinther hat Paulus, wahrscheinlich im Jahr 55, einen rhythmisch gegliederten Bekenntnissatz geschrieben, der ihm Jahre früher aufgetragen worden war, als Hauptstück der christlichen Lehre, und der wegen der Eigentümlichkeit seiner griechischen Formulierung auf die

Urgemeinde in Jerusalem zurückgeführt wird: »Ich habe euch weitergegeben, was ich selbst empfangen habe: Dass Christus gestorben ist für unsere Sünden nach der Schrift; und dass er begraben worden ist; und dass er auferstanden ist am dritten Tage nach der Schrift; und dass er erschienen ist dem Kephas, danach den Zwölfen.« Wo sich der Blick so ausschließlich darauf richtet, dass Christus bald wiederkommt, sieht das Auge nicht zurück in die Vergangenheit, gibt es Denken nur an die Zukunft und an die Frage, was die Bedingung der Teilnahme an ihr ist.

Das Lukasevangelium, geschrieben um das Jahr 90, führt in eine andere Generation. Sie lebt nicht mehr in der Hoffnung auf baldige Wiederkehr des Gottessohnes. Der Platz des Christen bleibt die Erde in einer sich dehnenden Zeit, deren Ende Menschen nicht sehen können. Trotzdem durchzieht der Ton der Freude das Evangelium: Erfüllt wird die Verheißung Gottes an Israel nicht erst in der Zukunft durch das Hereinbrechen des Gottesreiches. Das Heil ist schon gekommen: »Euch ist heute in der Stadt Davids der Heiland geboren«, verkündigt der Engel in der Heiligen Nacht den Hirten.

Im Unterschied zu Paulus blickt Lukas in die Vergangenheit zurück. Er schreibt Geschichte. Aber er benutzt nicht die Methode des modernen Historikers, er stellt vom Glauben an Christus aus die Geschichte Gottes mit den Menschen dar. Sie vollzieht sich nicht abseits der Weltgeschichte, vielmehr in ihr, Lukas nennt zu Beginn der Weihnachtserzählung den Kaiser Augustus und den Statthalter Quirinius. Die Absicht ist nicht, eine genaue Jahreszahl anzugeben, sowenig Lukas den Verlauf des Lebens Jesu biographisch richtig beschreibt. Der Kaiser wird aufgeführt, weil auch er mit seinem Reich in Gottes Plan für alle gehört.

Lukas zeigt vom ersten bis zum letzten Kapitel seines Evangeliums, dass in Christus erfüllt ist, was Gott »unseren Vätern zugesagt hat, Abraham und seinen Nachkommen in Ewigkeit«. So singt Maria im Loblied nach der Ankündigung, dass sie einen Sohn gebären wird. Deutlicher als in den anderen Evangelien tritt bei Lukas hervor, dass Christus der Israel verheißene Messias ist. Die Israel zugesagte Erlösung wird auf alle Völker ausgeweitet: Christus ist, sagt der Engel den Hirten, der Heiland der ganzen Welt.

Über der Weihnachtsgeschichte liegt der Zauber wundersamer, seltsamer Begebenheiten: Die Wanderung Josephs und seiner Braut Maria von Nazareth in Galiläa nach Bethlehem, der Stadt Davids und des aus seinem Geschlecht kommenden Messias; die Geburt des Sohnes; das Wickelkind in der Krippe; die Hirten auf dem Felde; der Engel, der die Geburt des Heilands verkündigt; der Lobgesang der himmlischen Heerscharen, die Proklamation des Friedens auf Erden bei den Menschen des Wohlgefallens Gottes; das Laufen der Hirten zu Maria und Joseph und dem Kind; die Erinnerung bei Jesu Beschneidung, dass der Engel Maria die Jungfrauengeburt angekündigt hat.

Die Weihnachtsstimmung, die dieses Fest heute in der Kirche und besonders in Deutschland prägt, steht nicht im Widerspruch zur Bibel. Im Gegenteil, Lukas stellt diese Stimmung in den Dienst seiner Geschichtsschau. Das Wichtige sind nicht die einzelnen wunderbaren Züge. Sie sind die Mittel, die deutlich machen, dass die Geburt des Heilands Christus, des Herrn, unvergleichlich viel wichtiger war als kurz vorher die Geburt Johannes des Täufers.

Johannes ist bei Lukas nicht der Vorläufer, auch nicht der Täufer Christi. Lukas berichtet die Gefangennahme des Johannes durch Herodes vor der Mitteilung über die Taufe Christi. Johannes gehört für Lukas in die Zeit des Alten Bundes, der Verheißung Gottes an Israel, er steht an deren Abschluss. Mit Christus lässt Lukas den zweiten Abschnitt der Weltgeschichte beginnen, die Heilszeit. In ihr wird erfüllt, was Gott verheißen hat. Zugleich bereiten in dieser Zeit das Wirken, der Kreuzestod, die Auferweckung und die Himmelfahrt Christi den dritten und letzten Abschnitt der Geschichte vor: die Zeit, in der Christus zur Rechten Gottes sitzt und sich auf der Erde durch den Geist Gottes vertreten lässt. Der Geist erfüllt die Gläubigen und baut die Kirche und bringt die Mission unter alle Völker, bis Gott die Weltgeschichte beendet.

Dieses Ende, auf das die erste Generation der Christen so viele Gedanken gerichtet hatte, ist für Lukas in die Ferne gerückt: Von der Schöpfung bis zum Beginn des Wirkens Christi ist Zeit des Gesetzes und der Propheten. Von der Himmelfahrt Christi bis zum Ende ist die Zeit der Kirche. Sie blickt zurück auf die Erdentage Christi zwischen Taufe und Himmelfahrt, auf die Zeit der Erfüllung, auf die Mitte der Zeit, auf das Heil.

Verzeichnis der Autorinnen und Autoren, Texte und Quellen

HANS CHRISTIAN ANDERSEN (1805–1875)

173 Der Tannenbaum

H. Ch. A.: Märchen. Mit Ill. von Theodor Hosemann, Graf Pocci, Raymond de Baux, Ludwig Richter, Otto Speckter. Übers. von Heinrich Denhardt. Ausw. und Nachw. von Leif Ludwig Albertsen. Stuttgart: Reclam, 1986. S. 302–313.

ANGELUS SILESIUS (d. i. Johannes Scheffler, 1624–1677)

158 (1) Du must zum Kinde werden
158 (2) Der Kinder ists Himmelreich
158 (3) Die Kindheit und GOttheit
158 (4) Kind und GOtt

A. S. Cherubinischer Wandersmann. Krit. Ausg. Hrsg. von Louise Gnädinger. Stuttgart: Reclam, 1984. S. 49 (1), S. 64 (2–4).

ANONYM

155 Kinderlied zu Weihnachten

Aus: Des Knaben Wunderhorn. Alte deutsche Lieder gesammelt von Achim von Arnim und Clemens Brentano. Bd. 3. Stuttgart: Reclam, 1987. S. 254 f.

JOCHEN ARLT (geb. 1948)

17 Einkaufn gehn in Münstereifl

Achim von Langwege [d. i. J. A.]: Das Fenster zum Berg. Landgedichte. Weilerswist: Verlag Landpresse, 1993. S. 22. – Mit Genehmigung von Jochen Arlt, Bad Münstereifel.

ROSE AUSLÄNDER (1901–1988)

91 New Yorker Weihnachten

R. A.: Gesammelte Werke in sieben Bänden. Bd. 3: Hügel aus Äther unwiderruflich. Gedichte und Prosa 1966–1975. Frankfurt a. M.: S. Fischer, 1984. S. 47. – © 1984 S. Fischer Verlag, Frankfurt am Main.

HANS BENDER (1919–2015)
167 Die Herberge
Aus: Das Winterbuch. Gedichte und Prosa. Hrsg. von Hans Bender und Hans Georg Schwark. Frankfurt a. M.: Insel, 2000. S. 109–113. – Mit Genehmigung von Hans Bender, Köln.

F. W. BERNSTEIN (d. i. Fritz Weigle, 1938–2018)
135 Weihnachten in der Schule
F. W. B.: Die Gedichte. München: Antje Kunstmann Verlag, 2003. S. 567. – Verlag Antje Kunstmann, München.

BIBEL
9 Galater 4,4–7
9 Johannes 1,1–14
10 Lukas 2,1–21
11 Matthäus 1,18–2,12
13 Jesaja 9,1–6
234 Jesaja 52,7
Lutherbibel. Rev. Text 1984. Durchges. Ausg. – © 1999 Deutsche Bibelgesellschaft, Stuttgart.

JOHANNES BOBROWSKI (1917–1965)
218 Weihnachtsgetier
J. B.: Gesammelte Werke in 6 Bänden. Bd. 1: Die Gedichte. Hrsg. von Eberhard Haufe. Stuttgart: Deutsche Verlags-Anstalt, 1998. S. 89. – © 1998 Deutsche Verlags-Anstalt, München, in der Verlagsgruppe Random House GmbH.

ASTRID BONNER (geb. 1956)
187 Spinat und Spiegelei
Aus: Reclams LeseBescherung. Geschichten zur Weihnacht. Zusammengest. von Nikolas B. Engel. Stuttgart: Reclam, 2000. S. 124–127. – Mit Genehmigung von Astrid Bonner, Düsseldorf.

CLEMENS BRENTANO (1778–1842)
163 Engel, die Gott zugesehn
C. B.: Gedichte. Hrsg. von Wolfgang Frühwald. München: Deutscher Taschenbuch Verlag, 1977. S. 620.

INA BROCK (Lebensdaten nicht ermittelt)
109 Dagobert, der Weihnachtsengel
Aus: Wunderweiße Nacht. Erzählungen, Gedichte und Lieder für das Weihnachtsfest. Hrsg. von Rut und Rudolf Brock. Berlin: Henschelverlag, ^{8}1964. S. 337–345.

JÖRG BUCHNA (geb. 1945)
88 Alle Jahre wieder
Aus: Und der Esel kann's nicht fassen. Weihnachtserzählungen. Hrsg. von J. B. Neukirchen-Vluyn: Aussaat Verlag, 2003. S. 21–24. – Mit Genehmigung von Jörg Buchna, Norden.

WILHELM BUSCH (1832–1908)
219 Der Stern
W. B.: Hist.-krit. Gesamtausgabe. Hrsg. von Friedrich Bohne. Bd. 4. Wiesbaden/Berlin: Vollmer, [1960]. S. 394.

CHRISTINE BUSTA (1915–1987)
229 Der Stern
Ch. B.: Die Scheune der Vögel. Gedichte. Salzburg: Otto Müller, 1958. S. 100. – © 1995 Otto Müller Verlag, Salzburg, 3. Auflage.

CATARINA CARSTEN (1920–2019)
150 Mummy – oder wie man schnell gesund wird
C. C.: Ich wünsche gute Feiertage. Geschichten für Weihnachten und andere Gelegenheiten. Eschbach: Verlag am Eschbach, 1998. S. 2–6. – © 1998 Verlag am Eschbach, ein Unternehmen der Verlagsgruppe Patmos in der Schwabenverlag AG, www.verlag-am-eschbach.de.

ALPHONSE DAUDET (1841–1897)
203 Die drei stillen Messen
A. D.: Briefe aus meiner Mühle. Übers. und Nachw. von Ilse Perker. Stuttgart: Reclam, 1971 [u. ö.]. S. 105–114.

HILDE DOMIN (1909–2006)
72 Weihnachtsbotschaft
H. D.: Sämtliche Gedichte. Frankfurt a. M.: S. Fischer, 2009. – © 2009 S. Fischer Verlag GmbH, Frankfurt a. M.

FRANZISKA DOMSCHLÄGER (geb. 1963)
196 Die fast entfleuchte Weihnachtsgans
Aus: Reclams LeseBescherung. Geschichten zur Weihnacht. Zusammengest. von Nikolas B. Engel. Stuttgart: Reclam, 2000. S. 33–36. – Mit Genehmigung von Franziska Domschläger, Bernkastel-Kues.

JOSEPH VON EICHENDORFF (1788–1857)
157 Weihnachten
J. v. E.: Gedichte. Eine Auswahl. Mit einem Nachw. von Konrad Nußbächer. Stuttgart: Reclam, 1957 [u. ö.]. S. 133.

HEINZ ERHARDT (1909–1979)
200 Die Weihnachtsgans
Das große Heinz Erhardt Buch. Oldenburg: Lappan, 2009. S. 71. – © 1970 Lappan Verlag in der Carlsen Verlag GmbH, Oldenburg.

RITA FEHLING (geb. 1955)
119 Das attraktive Seifenschälchen
Originalbeitrag. – Mit Genehmigung von Rita Fehling, Hameln.

THEODOR FONTANE (1819–1898)
16 (1) Noch ist Herbst nicht ganz entflohn
228 (2) Noch einmal ein Weihnachtsfest
228 (3) Weihnachtsspruch
Th. F.: Werke, Schriften und Briefe. Hrsg. von Walter Keitel und Helmuth Nürnberger. Bd. 6. München/Wien: Hanser, ²1978. S. 809 f. (1), 343 f. (2), 411 (3).

ROBERT GERNHARDT (1937–2006)
191 Rätsel
R. G.: Wörtersee. Zürich: Haffmans, 1989. S. 81. – © Robert Gernhardt, Frankfurt a. M., 1981. Alle Rechte vorbehalten S. Fischer Verlag GmbH, Frankfurt a. M.

JOHANN WOLFGANG GOETHE (1749–1832)
93 (1) Weihnachtskinder
121 (2) Christgeschenk
Goethe's Werke. Vollst. Ausg. letzter Hand. 60 Bde. Bd. 3. Stuttgart/Tübingen: J. G. Cotta'sche Buchhandlung, 1828–42. S. 20 f. (1)

J. W. G.: Sämtliche Werke. Bd. 1: Gedichte 1. Einf. und Textüberwachung von Emil Staiger. Zürich und München: Artemis und Deutscher Taschenbuch Verlag, 1977. [Artemis-Gedenkausgabe. Unveränd. Nachdr.] S. 274 f. (2)

AXEL HACKE (geb. 1956)
106 Wenn es weihnachtet
Aus: Alle Jahre schon wieder. München: Verlag Antje Kunstmann, 2009. S. 31–33. – © 2009 Verlag Antje Kunstmann GmbH, München.

RUDOLF HÄGNI (1888–1956)
143 Brief ans Christkind
R. H.: I ghöören es Glöggli. Neui Väärsli für d Chind. Erlenbach: Rotapfel-Verlag, 1940. S. 74 f. – Mit Genehmigung von Esther Hägni, Altendorf (Schweiz).

RUDOLF HAGELSTANGE (1912–1984)
47 Maria schreibt Elisabeth
R. H.: Und es geschah zur Nacht … Mein Weihnachtsbuch. München: List, 1978. S. 105–107. – Mit Genehmigung der Erbengemeinschaft Hagelstange, Dreieich.

HEINRICH HEINE (1797–1856)
62 Die Heilgen Drei Könige aus Morgenland
H. H.: Buch der Lieder. Hrsg. von Bernd Kortländer. Stuttgart: Reclam, 1990 [u. ö.]. S. 136.

KARL HENCKELL (1864–1929)
195 Alter Berliner Weihnachtsmarkt
K. H.: Gesammelte Werke. Bd. 1: Buch des Lebens. München: J. Michael Müller, 1921. S. 11.

O. HENRY (1862–1910)
94 Das Geschenk der Weisen
O. H.: The Furnished Room / Das möblierte Zimmer. Vier Short Stories. Engl./Dt. Übers. und hrsg. von Siegfried Schmitz. Stuttgart: Reclam, 1978. S. 61–73.

AUGUST HEINRICH HOFFMANN VON FALLERSLEBEN (1798–1874)

136 Nußknacker

A. H. H. v. F.: Gedichte und Lieder. Hrsg. von Hermann Wendebourg und Anneliese Gerbert. Hamburg: Hoffmann und Campe, 1974. S. 171.

MARIE LUISE KASCHNITZ (1901–1974)

73 Das Wunder

M. L. K.: Eines Mittags, Mitte Juni. Düsseldorf: Claassen, 1983. S. 127–135. – © MLK-Erbengemeinschaft München.

GOTTFRIED KELLER (1819–1890)

131 Weihnachtsmarkt

G. K.: Sämtliche Werke und ausgewählte Briefe. Hrsg. von Clemens Heselhaus. Bd. 3. Darmstadt: Wissenschaftliche Buchgesellschaft, ^{3}1972. S. 277 ff.

SARAH KIRSCH (1935–2013)

105 Zwischenlandung

S. K.: Sämtliche Gedichte. Stuttgart: Deutsche Verlags-Anstalt, 1999. S. 66. – © 2005 Deutsche Verlags-Anstalt, München, in der Verlagsgruppe Random House GmbH.

EMILY UND FRITZ KÖGEL (1877–1906 / 1860–1904)

147 Der Bratapfel

E. und F. K.: Die Arche Noah. Leipzig: Teubner, 1901. S. 28.

ROLF KRENZER (1936–2007)

45 (1) Wann fängt Weihnachten an?

83 (2) Torsten und der Weihnachtsmann

Aus: Die schönsten Geschichten zur Advents- und Weihnachtszeit. Hrsg. von R. K. Freiburg i. Br.: Herder, 1992. S. 115 (1) – © Rolf Krenzer Erben, Dillenburg.

Aus: Kleine Kerze leuchte. Text: R. K. Musik: Detlev Jöcker. Frankfurt a. M.: Menschenkinder Verlag, 1999 (2). – © Menschenkinder Verlag und Vertrieb GmbH, Münster c/o Melodie der Welt GmbH & Co. KG, Frankfurt a. M. Abdruck erfolgt mit freundlicher Genehmigung.

JAMES KRÜSS (1926–1997)

164 Die Weihnachtsmaus

J. K.: Der wohltemperierte Leierkasten. Überarb. Neuausg. München: C. Bertelsmann, 1989. S. 104 f. – © 1989 cbj Verlag, München, in der Verlagsgruppe Random House GmbH.

GÜNTER KUNERT (1929–2019)

80 Weihnacht

G. K.: Fremd daheim. Gedichte. München: Hanser, 1990. S. 51. – © 1990 Carl Hanser Verlag, München – Wien.

SELMA LAGERLÖF (1858–1940)

50 Die heilige Nacht

S. L.: Christuslegenden. München: Nymphenburger Verlagshandlung, 1948. S. 5–13.

ELEONORE LEUFGEN (1947–2016)

41 Auch ein Polizist kann irren

Weihnachtsgeschichten am Kamin 2. Ges. von Ursula Richter und Wolf-Dieter Stubel. Reinbek b. Hamburg: Rowohlt Taschenbuch Verlag, 1987. S. 10–13. – © Nachlass Eleonore Leufgen.

CHARLOTTE LINK (geb. 1963)

18 Wirklich clever, dieser Weihnachtsmann

Aus: Endlich war wieder Weihnachten. Advents- und Weihnachtserzählungen. Zürich: Diana Verlag, 1989. S. 65–76. – © 1989 Charlotte Link. Abdruck mit freundlicher Genehmigung der Autorin.

PAUL MAAR (geb. 1937)

138 Der doppelte Weihnachtsmann

Aus: Warten auf Weihnachten. Hrsg. von Barbara Homberg. Hamburg: Oetinger, 1978. S. 22–27. – Mit Genehmigung von Paul Maar, Bamberg.

ANNE MAIER-SCHÄFER (1938–2003)

59 Zwei Spatzen auf dem Dach

Aus: Die schönsten Geschichten zur Advents- und Weihnachtszeit. Hrsg. von Rolf Krenzer. Freiburg i. Br.: Herder, ^{8}1998. S. 238 f. – © Mit Genehmigung von Manfred Maier, Kißlegg.

KURT MARTI (1921–2017)
63 (1) weihnacht
235 (2) flucht nach ägypten
K. M.: Schon wieder heute. Gesammelte Gedichte 1959–1980. Darmstadt/Neuwied: Luchterhand, 1982. S. 21. (1) – © Nagel und Kimche in der Verlagsgruppe HarperCollins Deutschland GmbH.
K. M.: geduld und revolte. die gedichte am rand. Stuttgart: Radius-Verlag, ^{2}1985. S. 9. (2) – © 2002 by Radius-Verlag, Alexanderstraße 162, 70180 Stuttgart.

CONRAD FERDINAND MEYER (1825–1898)
215 Weihnacht in Ajaccio
C. F. M.: Sämtliche Gedichte. Mit einem Nachw. von Sjaak Onderdelinden. Stuttgart: Reclam, 1978 [u. ö.]. S. 133 f.

EDUARD MÖRIKE (1804–1875)
162 An einen kritischen Freund
E. M.: Sämtliche Werke. Briefe. Hrsg. von Gerhart Baumann in Verb. mit Siegfried Grosse. Bd. 1: Gedichte – Dramatisches – Erzählendes. Stuttgart: J. G. Cotta'sche Buchhandlung Nachf., ^{2}1961. S. 121.

CHRISTIAN MORGENSTERN (1871–1914)
14 Winternacht
Ch. M.: Sämtliche Dichtungen. Bd. 16. Abt. 2. Hrsg. von Heinrich O. Proskauer. Basel: Zbinden, 1978. S. 52.

KARL-ALFRED ODIN (1922–1992)
238 Die Geschichte unseres Weihnachtsfestes
Mit Genehmigung von Ursula Odin, Alzenau.

OTFRIED PREUSSLER (1923–2013)
220 Die Könige aus dem Hüttendorf
O. P.: Mein Rübezahlbuch. Zwei Dutzend und drei Geschichten vom Herrn des Riesengebirges. Mit Ill. von Herbert Holzing. Stuttgart/Wien: Thienemanns, 1993. S. 130–138. – © 1993 by Thienemann in der Thienemann-Esslinger Verlag GmbH, Stuttgart.

ERICH PUCHTA (geb. 1936)
236 Wetterlage am See
Aus: Weihnachtsgedichte. Ausgewählt von Stephan Koranyi. Stuttgart: Reclam, 2003. S. 89. – Mit Genehmigung von Erich Puchta, Weiler-Simmerberg.

J. P. RICHTER (Lebensdaten nicht ermittelt)
145 Geschichte eines Pfefferkuchenmannes
Von drauß' vom Walde komm ich her. Die schönsten Weihnachtsgedichte. Hrsg. von Kerstin Kipker. Würzburg: Arena, ^{2}1999. S. 46 f.

RAINER MARIA RILKE (1875–1926)
25 (1) Advent
122 (2) Das Christkind
R. M. R.: Die Gedichte. Frankfurt a. M.: Insel, ^{10}1998. S. 98 (1).
R. M. R.: Sämtliche Werke. Hrsg. vom Rilke-Archiv. In Verbindung mit Ruth Sieber-Rilke. Besorgt durch Ernst Zinn. 6 Bde. Bd. 4: Frühe Erzählungen und Dramen. Wiesbaden / Frankfurt a. M.: Insel, 1955–66. S. 63–72 (2).

JOACHIM RINGELNATZ (d. i. Hans Bötticher, 1883–1934)
15 (1) Vorfreude auf Weihnachten
92 (2) Schenken
J. R.: 103 Gedichte. Berlin: Rowohlt, 1933. S. 93 f. (1)
J. R.: Das Gesamtwerk in sieben Bänden. Bd. 1: Gedichte 1. Zürich: Diogenes, 1994. S. 265 (2).

THORALF SCHIRMER (geb. 1965)
201 Tag der Gans
Aus: Weihnachtsgeschichten am Kamin 16. Hrsg. von Ursula Richter. Reinbek bei Hamburg: Rowohlt, 2001. S. 134 ff. – © 2001 Rowohlt Taschenbuch Verlag, Reinbek bei Hamburg.

KLAUS PETER SCHREINER (1930–2017)
185 Der Weihnachtsbaum spricht
Aus: Mein Weihnachten. 40 Ansichten zu einer un-heiligen Jahreszeit. Hrsg. von Brigitta Rambeck. München: Deutscher Taschenbuch Verlag, 2000. S. 19. – Mit Genehmigung von Klaus-Peter Schreiner, Windach.

PETER SCHÜTT (geb. 1939)

87 Bethlehem

Aus: Heilige Nacht, Heiliger Tag. Die hundert schönsten Weihnachtsgedichte und -geschichten. Hrsg. von Martin Scharpe. Stuttgart: Radius-Verlag, 2001. S. 42 f. – Mit Genehmigung von Peter Schütt, Hamburg.

THEODOR STORM (1817–1888)

27 (1) Unter dem Tannenbaum

64 (2) Marthe und die Uhr

137 (3) Stoßseufzer

172 (4) Weihnachtslied

Th. St.: Gesammelte Schriften. Erste Gesammtausgabe. Bd. 3. Braunschweig: Westermann, ^{2}1872. S. 125–170, hier S. 149–170 [Kap. »Unter dem Tannenbaum«] (1).

Th. St.: Immensee und andere Novellen. Stuttgart: Reclam, 2022. S. 45–52 (2).

Th. S.: Gedichte. Stuttgart: Reclam, 1978 [u. ö.]. S. 76 (3).

Th. S.: Sämtliche Werke. Eingel. und hrsg. von Paul Wiegler. Bd. 5. Berlin: Ullstein, 1924. S. 410 (4).

KURT TUCHOLSKY (1890–1934)

194 Groß-Stadt – Weihnachten

K. T.: Gesammelte Werke in zehn Bänden. Hrsg. von Mary Gerold-Tucholsky und Fritz J. Raddatz. Bd. 1: 1907–1924. Reinbek bei Hamburg: Rowohlt, 1960.

KARL HEINRICH WAGGERL (1897–1973)

159 Worüber das Christkind lächeln mußte

K. H. W.: Und es begab sich … Inwendige Geschichten um das Kind von Bethlehem. Salzburg: Otto Müller, ^{50}2000. S. 9–15. – © 2000 Otto Müller Verlag, Salzburg, 50. Auflage.

ROBERT WALSER (1878–1956)

216 Weihnacht

R. W.: Sämtliche Werke in Einzelausgaben. Hrsg. von Jochen Greven. Bd. 1: Fritz Kochers Aufsätze. Mit freundlicher Genehmigung der Robert Walser-Stiftung, Bern. Zürich: Suhrkamp, 1978, 1986. S. 36–38. – © 1978, 1986 Suhrkamp Verlag Zürich. Alle Rechte bei und vorbehalten durch Suhrkamp Verlag Berlin AG.

URS WIDMER (1938–2014)

237 Weihnachten

Aus: Mein Weihnachten. 40 Ansichten zu einer un-heiligen Jahreszeit. Hrsg. von Brigitta Rambeck. München: Deutscher Taschenbuch Verlag, 2000. S. 232. – Mit Genehmigung von Urs Widmer, Zürich.

WERNER WOLLENBERGER (1927–1982)

230 Janine feiert Weihnachten

Aus: Sei uns willkommen schöner Stern. Ein Weihnachtsbuch zum Erzählen, Vorlesen und Singen für Familien mit Kindern. Hrsg. von Gertrud Mielitz. Lahr: Kaufmann, ^{6}1981. S. 78–80. – Mit Genehmigung der Erbengemeinschaft Werner Wollenberger.